LE SIÈGE DE SAINT-OMER

EN 1677

RÉUNION DE L'ARTOIS RÉSERVÉ A LA FRANCE

———

Par M. PAGART d'HERMANSART

Secrétaire-archiviste de la Société des Antiquaires de la Morinie,
associé correspondant de la Société des Antiquaires de France,
membre correspondant de la Société des Etudes historiques
de Paris, de l'Académie d'Arras, de la Société académique
de Boulogne et de la Société royale héraldique
italienne à Pise.

———

SAINT-OMER
IMPRIMERIE ET LITHOGRAPHIE H. D'HOMONT
14, rue des Clouteries, 14

1888

LE SIÈGE DE SAINT-OMER

EN 1677

RÉUNION DE L'ARTOIS RÉSERVÉ A LA FRANCE

Extrait du tome XXI des Mémoires de la Société des Antiquaires de la Morinie.

LE SIÈGE DE SAINT-OMER

EN 1677

RÉUNION DE L'ARTOIS RÉSERVÉ A LA FRANCE

PAR M. PAGART d'HERMANSART

Secrétaire-archiviste de la Société des Antiquaires de la Morinie,
associé correspondant de la Société des Antiquaires de France,
membre correspondant de la Société des Etudes historiques
de Paris, de l'Académie d'Arras, de la Société académique
de Boulogne et de la Société royale héraldique
italienne à Pise.

SAINT-OMER

IMPRIMERIE ET LITHOGRAPHIE H. D'HOMONT

14, rue des Clouteries, 14

—

1888

AVERTISSEMENT

La ville de Saint-Omer a eu autrefois une importance militaire considérable. Pillée par les Normands en 845 et 861, c'est pour se mettre à l'abri de leurs incursions, qu'elle s'entoura d'un premier rempart, contre lequel se brisa leur dernière invasion en 891. Plus tard, le roi de France, Philippe I, pénétra dans Saint-Omer en 1072, et en permit le pillage à ses troupes. Prise par Baudouin IX, comte de Flandre, en 1198, elle fut attaquée sans succès, en 1214, par Ferrand de Portugal, en 1302 et 1303 par les Flamands, et en 1337 et 1339 par les Anglais ; Robert d'Artois, qui l'assiégea en 1340, ne réussit pas davantage à s'en emparer. Les Anglais tentèrent de la surprendre en 1406, et pillèrent les faubourgs. Le duc de Glocester parut encore devant ses murs en 1437. En 1477, Louis XI échoua devant ses fortifications, mais le maréchal d'Esquerdes surprit la place en 1487, et les Français la conservèrent deux ans. De 1551 à 1596, ils firent diverses tentatives inutiles pour la reprendre. En 1638, le maréchal de Châtillon investit complètement la ville, et la tint assiégée durant deux mois ; et pendant tout le temps qu'elle fut capitale de l'Artois réservé, son territoire fut parcouru par les armées françaises. Enfin la place subit, en 1677, un dernier siège et se rendit au duc d'Orléans, frère de Louis XIV.

Les écrivains qui ont traité d'une manière générale de l'histoire de l'Artois ou de celle de Saint-Omer, ont donné quelques détails sur ces divers événements militaires, et particulièrement sur les sièges de 1340, 1477, 1638 et 1677, qui furent les plus importants. Le plus sérieux de tous, celui de 1638, est aussi celui sur lequel les documents les plus précis ont pu être réunis, et la Société des Antiquaires de la Morinie a publié dans le tome XIV de ses Mémoires la traduction d'un ouvrage écrit en latin par le P. Chifflet, jésuite, intitulé : *Audomarum obsessum et liberatum anno MDCXXXVIII.* Ce récit, qui contient 104 pages, est suivi de la publication intégrale du « Registre du siège de 1638 », contenant les délibérations et les résolutions du Magistrat tenues jour par jour. Ce registre a une étendue de 121 pages. Enfin, la correspondance du maréchal de Châtillon, qui commandait alors l'armée française, a été imprimée, et contient 152 pages.

On est loin d'avoir de pareils documents (377 pages) pour le siège de 1677, et, de plus, les historiens qui en ont parlé se sont seulement occupés des opérations militaires extérieures. Il faut reconnaître, d'ailleurs, que les documents sont rares : « Il est surprenant, dit en effet Gaillon, en » 1784, dans sa *Table des Délibérations du Magis-* » *trat,* qu'il ne soit pas resté de journal de ce » siège, ni même un registre des délibérations

» pendant ce temps-là. Il y a apparence qu'on aura
» supprimé le tout, s'il y en a eu, comme cela est
» plus que vraisemblable. » On croit, en effet, que
toutes les pièces relatives à la défense ont été dé-
truites, l'échevinage n'ayant pas voulu laisser
tomber aux mains des vainqueurs, les preuves
écrites de l'attachement et de la fidélité des habitants à la maison d'Espagne, et de leur antipathie
contre la domination française. Nous signalerons
la même pénurie en matière de plans, nous n'en
avons trouvé aucun, depuis 1638, qui fût antérieur
à 1677.

Nous avons entrepris cependant de reconstituer
les événements de ce siège important qui a amené
la réunion définitive de Saint-Omer à la France.
On verra que nous avons consulté un grand nombre d'ouvrages, anciens et modernes, imprimés
tant en France que dans les Pays-Bas, et quelques manuscrits, tels que le tome II des « Annales de Saint-Omer » du curé Deneufville [1], les
registres capitulaires, la correspondance du Magistrat, le registre FF aux archives municipales,
et les archives du Dépôt de la guerre. Nous avons
pu réunir ainsi bien des renseignements qui nous
ont permis de tenter un récit du dernier grand
événement militaire dont Saint-Omer a été le
théâtre.

---

[1] Nous avons pu avoir seulement le résumé de quelques extraits de ce ms. qui n'est pas à Saint-Omer.

LE SIÈGE DE SAINT-OMER

EN 1677

RÉUNION DE L'ARTOIS, RÉSERVÉ A LA FRANCE

~~~~~~~~~~

I

La paix d'Aix-la-Chapelle, en 1668, n'avait eu qu'une durée éphémère, et la guerre de Hollande avait amené une coalition contre Louis XIV. L'Artois allait devenir encore une fois le théâtre de la guerre.

Dès le mois de décembre 1675, le roi avait envoyé des plénipotentiaires à Nimègue, où un congrès était sur le point de s'ouvrir, et il lui importait de s'emparer de suite d'un certain nombre de territoires et de villes, afin de traiter dans de meilleures conditions avec les Espagnols, et de n'être pas obligé de prendre pour base de ses négociations avec eux, le traité d'Aix-la-Chapelle, qui leur avait laissé, dans la France, des enclaves, telles que les villes d'Aire et Saint-Omer, formant avec leurs dépendances une petite province espagnole connue sous le nom

1675

1675   *d'Artois réservé*[1], puis Condé, Bouchain, Valenciennes et Cambrai[2].

1676   La campagne de 1676 commença donc de bonne heure. Louis XIV prit lui-même le commandement de l'armée de Flandre ; Condé et Bouchain capitulèrent successivement les 26 avril et 11 mai, et le roi, après avoir détaché de son armée huit mille hommes, qu'il renvoya renforcer celle d'Allemagne, retourna à Versailles, laissant le maréchal de Schomberg à la tête de ses troupes.

    Le 18 juillet, le maréchal d'Humières[3] se mit en marche avec 15.000 hommes, 30 pièces de canon et 9 mortiers, et se dirigea vers l'Artois réservé. Il avait sous ses ordres le marquis de Genlis[4], les comtes de Saint-Géran[5] et de Montbron[6], MM. de Magalotti[7] et de la Haye.

[1] V. notre travail : *l'Artois réservé, son Conseil, ses Etats, son Election à Saint-Omer de 1640 à 1677.* (Mém. de la Société des Antiquaires de la Morinie, t. XVIII, p. 455 à 502.) « Ces deux » trous de villes d'Aire et de Saint-Omer qui choquaient le Roi » de France plus que toutes les forces de l'Espagne. » (Mss de D. Guislain Campion. — Bertin de Vissery, t. II. p. 380.)

[2] *Histoire de Louvois,* par Camille Rousset, t. II, p. 201, et *Histoire militaire de Louis-le-Grand,* par le marquis de Quincy, Paris 1726, p. 481 et 482.

[3] Louis de Crevant, marquis d'Humières, maréchal de France, créé duc et pair en 1690, mort en 1694 à l'âge de 66 ans.

[4] René de Bruslart, marquis de Genlis, se distingua au siège d'Aire en 1676, et y fit l'ouverture de la tranchée comme le plus ancien maréchal de camp. Ses services furent récompensés en février de l'année suivante par un brevet de lieutenant général. *(Abrégé chronologique et historique de la maison du Roi,* par Le Pipre de Neufville. Liège 1734, t. II, p. 520.)

[5] Prit part à la bataille de Cassel en 1677. *Abrégé chronologique,* etc., t. II, p. 201.

[6] V. *Abrégé chronologique,* t. II, p. 205.

[7] Bardo Bardi, comte de Magalotti, issu d'une maison noble

Les inquiétudes furent grandes à Saint-Omer. Il 1676
semblait que la ville ne pourrait résister à une attaque vigoureusement conduite, car, depuis le siège de
1638, la cour d'Espagne avait peu fait pour remettre
la place en bon état de défense ; les fortifications,
inspectées par le duc de Bournonville en 1667 [1],
n'avaient été l'objet que de réparations insuffisantes,
les troupes de la garnison étaient mal payées ; et
depuis de longues années, les habitants, écrasés sous
les impôts de toutes sortes, accablés par les frais de
logement des gens de guerre, souvent victimes de
leurs excès, ayant sans cesse l'ennemi à leurs portes,
étaient à demi-ruinés [2]. Cependant ils étaient très
attachés à la maison d'Espagne, et ils suppléèrent à
la négligence de leur souverain par leur zèle et leur
activité.

C'était à l'échevinage d'ailleurs qu'incombait l'en-
retien des fortifications intérieures, et il y pour-
voyait au moyen d'impôts spéciaux [3], ou d'emprunts

e Flor-nce, lieutenant général, venait de se distinguer au siège
e Condé. Voir ses services dans l'*Abrégé chronologique,* t. III,
. 66 à 69.

[1] *Arch. municip.* CLXXX-15. Il fut reçu le 16 mai.

[2] Voir les extraits du *grand registre en parchemin* des *Arch.
municip.* donnés par M. Giry. *Mém. des Antiq. de la Morinie,* t. XV,
 384, 386, 387, 390, 393, 395, 397, 398, 401 à 403, 405, 411
413, 428, 432.

[3] Une partie de l'impôt des brais ou brays, c'est-à-dire celui
erçu sur les escourgeons ou l'orge broyée pour la fabrication
 la bière, était affecté aux fortifications. Les quatre ordres
mendiants, les Dominicains, les Cordeliers, les Capucins et les
mines, les Sœurs grises, les Sœurs noires, celles de la Made-
ine, les pauvres Claires, les deux hôpitaux et les Jésuites en
aient dispensés. L'argentier de la ville percevait encore pour
 même objet, environ 21.000 livres, payées dans des propor-
ns différentes par les ecclésiastiques, les nobles, les bour-

1676 dont il payait les intérêts ; tandis que les ouvrage
extérieurs étaient à la charge du trésor espagnol, e
occupés par l'armée régulière. Le mayeur, à qui le
grands baillis royaux contestaient depuis plus d'u
siècle et demi le droit d'être capitaine de la ville, étai
parvenu cependant à conserver certaines attribution
militaires, et il commandait la milice bourgeoise. L
Magistrat [1] utilisa immédiatement cette troupe. Ell
comprenait un certain nombre de compagnies cor
respondant à des circonscriptions territoriales appe
lées connétablies, qui portaient les noms de Gran
marché, Bouchers, Tenne-rue, Reperstraëte, Tan
neurs, Grushoucq, Haut-pont, Grosse rue, Ste-Croix
Liste rue, St-Bertin haut, St-Bertin bas, Brûle e
Lizel, suivant les quartiers où elles se recrutaient, o:
les corps de métiers qui les composaient en majeur
partie [2] ; et en vertu d'anciens privilèges, souver
contestés, mais énergiquement maintenus, cette mi
lice était spécialement chargée de la défense de l'er
ceinte de la place et des remparts, ainsi que de l
garde des portes. Elle comprenait plus de deux mill
hommes. Les faubourgs du Haut-Pont et de Lyze
étaient confiés à leurs habitants respectifs.

Puis, comme un siège était à craindre, l'échevinag
commanda, le 22 juillet, aux bourgeois, manants e

geois, manants et habitants par lot de vin, par les tavernier
et cabaretiers sur les boissons qu'ils vendaient, et touchait de
droits sur la vente du sel, du charbon, du savon et du cuir
Suivant l'usage, ces impôts étaient affermés, et les travaux
faire aux fortifications étaient exécutés par voie d'adjudication
(Comptes des fortifications aux archives municipales.)

[1] On appelait *Magistrat* en Flandre et en Artois le corps de
Mayeur (maire) et échevins d'une ville.

[2] Voir notre ouvrage : *les Anciennes communautés d'arts et mé
tiers à Saint-Omer*, t. I, pp. 93, 274.

abitants de chacune de ces connétablies, de se 1676
ourvoir d'armes et munitions, et leur ordonna
aller sur les remparts, avec des pelles, pio-
es et hoyaux, pour réparer les fortifications, sous
direction de leurs capitaines, lieutenants et autres
ficiers. Il fit également réquérir par le procureur
 la ville, les chanoines, vicaires, écotiers [1], les
?. Jésuites wallons, les Carmes, les Cordeliers et les
pucins, de se joindre aux habitants, et répartit
i-même les portions de travail que chaque groupe
 la population devait exécuter autour de la ville.
rrière les Sœurs noires [2] jusqu'au bastion de S^{te}-
oix, on envoya les pères Jésuites et leurs écoliers ;
 ce bastion jusqu'à celui du *Jambon,* derrière la
aison du Doyen, les chanoines, vicaires et écotiers;
la porte Boulenisienne [3], les hommes des conné-
lies du Grand marché et de Sainte-Croix ; de cette
rte au château, les Capucins et les Carmes ; du
âteau à la porte Saint-Sauveur, les Bouchers et
 Tanneurs ; de là au Rosendal, les habitants de la
nne rue et du Reperstraët ; du Rosendal à la porte
 Haut-Pont, la connétablie du Haut pont ; du Haut
nt à la porte de l'Isel, celle du Grushoucq ; de cette
rte à la batterie de l'Abbé, les prêtres de Saint-

L'Ecoterie était un établissement d'instruction fondé autre-
 par les chanoines de la collégiale pour les jeunes gens
vres qui voulaient se destiner à l'état ecclésiastique. Ces
ves étaient les écotiers. (Deschamps de Pas, *Etablissements*
pitaliers de Saint-Omer, p. 102.)

Le couvent des Sœurs noires est aujourd'hui la caserne St-
rles.

La porte Boulenisienne avait été fermée en 1631 lors de
verture de celle de Saint-Sauveur (aujourd'hui de Calais).
'agit ici de l'ancien emplacement de cette porte sur lequel
plaça une forte batterie pendant le siège de 1677.

1676 Bertin, les pères anglais et leurs écoliers ; à cette
batterie même, la connétablie de l'Isel ; de là au
corps de garde de Saint-Adrien, les hommes du bas
de la rue Saint-Bertin ; de là au bastion du Brûle,
ceux du haut de la rue Saint-Bertin et du Brûle ; au
bastion du Brûle, les pères Récollets ; de la batterie
du Brûle au Griffon, les pères Dominicains ; de là au
moulin des Sœurs noires, les habitants de la Grosse
rue ; de la batterie placée derrière l'hôtel du comte
de Saint-Venant jusqu'à la porte Boulenisienne, tous
ceux de la Litte rue. Les heures de travail furent
fixées, le matin de 7 à 11 heures, et le soir,
de 2 à 6 heures. On emprunta six cents florins
pour se procurer les pelles, brouettes et autres usten-
siles nécessaires aux terrassements, que les échevins
commis aux ouvrages furent chargés d'acheter.
Enfin, on inonda les terres basses voisines des faubourgs [1].

De son côté, l'autorité militaire ne restait pas in-
active. Le prince de Robecq, de la maison de Montmorency, gouverneur de l'Artois réservé, commandait la place [2]. Il obtint huit mille florins du roi d'Espagne pour construire les baraquements nécessaires
à la cavalerie des terces du duc d'Avrech et du comte
de Grimberghe, qu'on fit rentrer dans la ville. Le
duc de Villa-Hermosa, gouverneur général des Pays-
Bas depuis l'année 1675, envoya divers renforts :

[1] Registre aux délibérations du Magistrat FF. f. 156, 157,
201, etc.

[2] Il mourut en janvier 1683 ; il était déjà d'un certain âge en
1676, ce qui ne l'empêcha pas de défendre énergiquement la
ville confiée à sa garde, comme l'établit la suite de ce récit.
— Voir la *Maison de Robecq*, par M. l'abbé Robert. (Bulletin des
Antiq. de la Morinie, t. V, p. 119 à 125.)

150 hommes arrivèrent d'Ypres le 24, conduits par un capitaine ; le lendemain, soixante soldats du régiment de Bournonville entrèrent dans la place, qui reçut encore quelques détachements de cavalerie commandés par le baron de Boulers ; dix canonniers et six mineurs furent tirés des forteresses de Hollande ; enfin, le 31 juillet, un important secours de 700 hommes arriva d'Ypres par la porte du Haut-Pont ; quelques troupes avaient été aussi dirigées sur Aire, où 300 hommes des garnisons d'Ypres et de Saint-Omer avaient réussi à entrer.

Aire était, en effet, vivement pressée par le maréchal d'Humières, qui, après l'avoir investie le 21, avait ouvert la tranchée le 25, et le bruit d'une incessante canonnade parvenait jusqu'à Saint-Omer. L'échevinage envoya au prince de Robecq deux députés, le sieur Doresmieux et le mayeur des dix jurés, avec le second conseiller principal, pour demander que, suivant l'usage admis dans de pareilles circonstances, le mayeur pût assister aux assemblées du conseil de guerre, ce qui ne fit pas de difficulté ; c'était en effet le meilleur moyen de concerter entre le mayeur et le gouverneur militaire tous les efforts de la défense. D'autre part, les échevins semainiers, assistés du conseiller principal, faisaient demander aux députés du clergé et de la noblesse aux Etats de Artois réservé, d'y admettre par intérim Jacques Taffin, conseiller second, comme représentant à la fois les villes d'Aire et Saint-Omer, qui, dans le moment présent, avaient, plus que tout autre corps, besoin d'être représentées. Les Etats accordèrent la demande, et le Président du Conseil d'Artois, Simon[1], qui exerçait

[1] Voir dans notre brochure déjà citée, l'*Artois réservé,* la liste des officiers du Conseil d'Artois à Saint-Omer, p. 18.

1676 aussi les fonctions d'intendant général de la province, autorisa la levée de diverses sommes, et leur emploi en baraquements, achats de matelas, et frais divers d'installation de logements militaires.

Cependant, après cinq jours de tranchée ouverte, la ville d'Aire était emportée le 31 juillet, et, pendant qu'une illumination à Versailles célébrait ce brillant succès [1], la terreur régnait à Saint-Omer.

Dans ce pressant danger, le Magistrat fit chanter le lendemain, 1er août, à huit heures du matin, dans la chapelle de Notre-Dame des Miracles, une messe pour implorer l'assistance de la patronne de la cité, et celle de la divine Providence, afin d'éloigner les ennemis de la ville ; il y assista en robes, avec les échevins de l'an passé, et le mayeur des dix jurés pour la communauté.

L'ennemi continua à se saisir des points fortifiés voisins de la place. Le 5 août, le maréchal d'Humières passa le Neuf-fossé, et arrivé à Rubrouck, il détacha quelques troupes pour investir le fort de Linck. Ce fort situé sur la rivière de la Colme, entre Bergues-Saint-Winocx, Saint-Omer et Bourbourg, n'avait que quatre bastions de terre avec des demi-lunes et une contre-escarpe, mais il était situé au milieu d'un marais inondé qui en rendait l'approche difficile. Il fut néanmoins enlevé le 8 août par le régiment des Gardes et par celui de la Reine, et la garnison d'environ 300 hommes fut faite prisonnière [2].

Heureusement le maréchal d'Humières n'avait pas

[1] Lettre du mercredi 5 août 1676 de Mme de Sévigné à Mme de Grignan. V. pour le détail du siège les *Annales des Provinces-Unies,* par Barnage. La Haye 1720, in-f°, t. II, p. 694.

[2] *Abrégé chronologique et historique de la maison du Roi,* t. III, p. 501.

ec lui toutes ses troupes. Après la prise d'Aire, la 1676
us grande partie était passée sous le commande-
ent du maréchal de Schomberg, qui les avait em-
enées dégager Maëstricht, assiégée par le prince
Orange, et vaillamment défendue pendant cinquante
urs par le comte de Calvo. Schomberg réussit à
ire lever le siège le 27 ; il était trop tard pour qu'il
nt retrouver le maréchal d'Humières afin d'entre-
endre celui de Saint-Omer ; les Français se bornè-
nt à se fortifier dans Aire, dont le gouvernement
t donné au comte de Calvo, créé lieutenant-général.
Cette circonstance empêcha toute entreprise contre
int-Omer, qui restait la dernière place-forte de l'Ar-
is réservé sous l'obéissance du roi d'Espagne.

Profitant de ce répit inespéré, l'échevinage voulut
mettre en mesure de parer, autant que possible,
x graves éventualités qui paraissaient cependant
enacer encore la cité. On fit, le 7 septembre, un
censement général et une visite de toutes les mains, pour reconnaître les logements, préciser ce que
acune d'elles pouvait recevoir d'hommes et de che-
ux ; et afin d'aider les connétables dans ce long
ivail, on désigna quelques échevins qui y procé-
rent avec eux. Ce furent, parmi ceux de l'an passé :
glebert van den Bosche ; de Roberty, sr d'Ocoche ;
itoine de la Houssaye, sr d'Avault ; Pierre de Lattre
s ; Jean Brussel, qui inspectèrent les connétablies
s Bouchers, de Sainte-Croix, de la Tenne rue, de la
osse rue, et de Lizel dans la ville ; tandis qu'on en
ribuait d'autres aux échevins de l'an présent : au sr
resmieux, celle du Grushoucq ; à Jean de Woorm,
Grand marché ; à François Sergeant, le Haut-pont
ns la ville ; à Eustache du Bois, la Liste rue ; à
erre de Lattre, Saint-Bertin haut ; à François Mar-

1676 cotte, le Brûle ; à J.-B. Hendricq, les Tanneurs ;
François du Val, le Reperstraëte ; et à Guillaum
Bien aimé, Saint-Bertin bas.

Quant aux moyens financiers, on tenta une dé
marche auprès du duc de Villa-Hermosa, pour se le
procurer. Le mayeur, messire Gilles de Lières, baron d
Berneville, alla lui-même à Bruxelles, à la fin de sep
tembre, avec le conseiller principal Taffin ; ils repré
sentèrent l'état misérable de la ville, la surcharg
que le logement des gens de guerre imposait au:
habitants, et tous les désordres qu'ils commettaien
dans la ville et aux environs ; ils demandèrent quel
ques nouveaux secours en argent, et affirmèrent ei
même temps le zèle et la fidélité inébranlables de:
bourgeois. La cour d'Espagne était aux abois, li
gouverneur général promit de secourir la ville si elh
était attaquée, il loua les efforts des habitants e
l'énergie de ses magistrats, mais il ne paraît pai
qu'il leur ait fourni alors de nouveaux subsides.

Par la prise d'Aire, la France s'était ouverte le chemin de Saint-Omer[1], et Louvois ne perdait pas de vue la dernière conquête à faire en Artois. Quittant Paris dans les derniers jours de décembre 1676, il avait inscrit sur une espèce d'agenda intitulé : « Mémoire contenant ce que M. de Louvois a à faire » en son voyage » ces mots : « parler à M. de la » Motte de ce qu'il y a à faire contre Saint-Omer et » Cassel », et il entreprenait en Flandre, dit M. Camille Rousset, « une de ces courses qui sont toujours » pour les Espagnols, le présage d'une catastrophe[2]. »

L'année 1677 s'ouvrait en effet, pour les habitants de Saint-Omer, sous les plus sombres perspectives. Des détachements ennemis, partis d'Aire, de Calais et de Gravelines, parcouraient la campagne et empêchaient les approvisionnements. La garnison, tant de la place que des forts et redoutes extérieurs comprenait environ près de cinq mille hommes[3] ; dans la

1677
Janvier

[1] *Précis historique des campagnes de Louis XIV,* 1672 à 1678. éd. Paul Mesnard, Hachette 1875, dans la *Collection des grands écrivains de France,* p. 300.

[2] *Histoire de Louvois,* 1861. Paris. Didier, t. II p. 274. M. de la Motte Houdancourt était un maréchal de camp, qui prépara le siége, prit part à la bataille de Cassel, et fut grièvement blessé quelques jours plus tard.

[3] Deneufville, *Annales de la ville de Saint-Omer,* ms t. II, parle

ville étaient logés les régiments d'infanterie du Fay, des comtes de Bellejoyeuse et de Coupigny, du baron de Saint-Jean et d'Harantal, et la cavalerie des régiments des comtes d'Egmont et du baron de Boulers, ainsi que celui de Wesemale, et cinq de dragons. En janvier douze canonniers avec leur connétable, et six mineurs furent envoyés par le gouverneur des Pays-Bas [1]. Les troupes logeaient dans les treize maisons ou quartiers affectés depuis longtemps, dans divers endroits de la ville, au logement des gens de guerre, dans des baraques nouvellement érigées le long des murailles du couvent de Sainte-Claire, et surtout chez les bourgeois, la caserne dont la ville avait commencé la construction en 1675 n'étant pas encore achevée [2]. L'argent manquait pour les payer, les vivres étaient rares, et leurs exigences augmentèrent avec leur mécontentement. A ces forces, il fallait ajouter la compagnie du grand bailli, gouverneur de la place, qui comptait au moins deux cents

d'une garnison de 2000 environ, dont 1300 d'infanterie, et le reste en cavalerie. Mais, si la moitié de la garnison avait péri au moment de la capitulation (conseil de guerre du 20 avril 1677), et s'il est sorti de la place 2000 hommes et 500 chevaux, il faut bien, même en tenant compte de l'exagération des pertes subies par les assiégeants, que les troupes espagnoles aient compté de quatre à cinq mille hommes, au commencement de l'année 1677, car les renforts reçus pendant le siège furent peu importants.

[1] Lettre du duc de Villa Hermosa du 6 janvier 1677. Corresp. du Magistrat 1677. Arch. mun.

[2] De même qu'il y avait un impôt pour les fortifications, il y en avait un pour les casernes ; il était également perçu sur les biens, et représentait, en 1677, dix-huit sols au sac. Dans les 4 premiers mois de cette année, il produisit 2863 florins, 8 sols, 5 deniers. (Comptes aux arch. municip.) — La caserne d'infanterie fut achevée en 1680 par les Français.

lommes, les deux confréries militaires des archers et
les arbalétriers [1], et les compagnies bourgeoises lont nous avons indiqué l'organisation [2]. Outre les armes dont la ville disposait pour armer les bourzeois, elle avait un certain nombre de canons [3],)armi lesquels figuraient glorieusement deux pièces)rises sur les Français en 1638 ; cette artillerie était :n bon état, car elle avait été renouvelée en grande)artie en 1641 [4].

Quant aux fortifications, elles consistaient en un mur d'enceinte en assez bon état, sauf du côté de ʼabbaye de Saint-Bertin, au nord-est, où le rempart 1ʼétait qu'en terre gazonnée sans revêtements, et zarni de palissades. Ce mur était percé de quatre)ortes appelées Saint Sauveur [5], Sainte-Croix [6], du Brûle [7] et du Haut-pont, et de deux portes d'eau : ʼune dite de Saint-Adrien près du couvent des Riches

[1] C'étaient de très anciennes confréries, celle des arbalétriers ʼemontait au XIIᵉ ou au XIIIᵉ siècle ; ils avaient été institués pour léfendre alors la ville contre les fréquentes attaques des Anglais.

[2] Voir pour plus de détails sur la milice urbaine, le guet, la zarde, etc. *les Anciennes communautés d'arts et métiers à Saint-Omer*, t. II, p. 92 à 94.

[3] En temps de guerre, c'était toujours aux canonniers de la ville qu'était confiée la garde de la principale porte de la ville. Durant le siège d'Aire en 1710, lorsque la place de Saint-Omer fut mise en état de défense, ils eurent le même privilège.

[4] On avait échangé à Dunkerque les vieilles pièces contre de neuves ; le serviteur « de l'artillerie », Michel Verbeti, et un échevin, le sr d'Avault, avaient été députés pour cette opération (Ms d'Haffreinghes, t. II). Voir dans *les Anciennes communautés*, les mots : *Armuriers. Artilleurs.*

[5] Aujourd'hui porte de Calais.

[6] Fut murée après la prise de la ville en 1677.

[7] Aujourd'hui porte d'Arras.

1677
Janvier Claires, et l'autre de Lyzel, qui communiquait avec le faubourg de ce nom et avec l'abbaye de Saint-Bertin. Cinq bastions, dont les premières constructions remontaient à Charles-Quint [1], protégeaient la place au nord-ouest, à l'ouest et au sud ; ils défendaient les portes Saint-Sauveur, Sainte-Croix et du Brûle. Le vieux château de Sithiu au sud-ouest, et celui de l'Esplanade au nord-ouest, complétaient la défense intérieure de la place. A l'extérieur, des parapets avec escarpes et contrescarpes, et des demi-lunes, entouraient la ville, et les portes étaient fortifiées, ainsi que les faubourgs de Lyzel et du Haut-pont. Les marais qui s'étendaient au nord et à l'est, et qui pouvaient être facilement inondés, assuraient dans ces directions, une certaine sécurité contre les attaques du dehors ; diverses redoutes au-delà du Haut-pont, au Grand large, au Bac [2], à Saint-Momelin, à Nieurlet, au Zest, pouvaient aussi offrir quelque résistance. Plus près de la ville, à l'est, le fort aux Vaches en couvrait l'endroit le plus faible, et y était relié par une digue étroite ; le fort Saint-Michel ou Bournonville au sud-ouest, entre Arques et Longuenesse, élevé sur le point même où, en 1638, l'ennemi avait placé sa plus forte batterie, était bien armé, et empêchait que cette position put être occupée par une armée assiégeante ; enfin, l'ouvrage à cornes des Cravates [3], du côté de Tatinghem, était

---

[1] Ms. du général Vallongne, n° 834, bibl. municip.

[2] Point important à cause des barques et chalands qui y passaient continuellement pour aller de Saint-Momelin à St-Omer.

[3] Le monticule des Cravates, situé à l'extérieur de l'enceinte, non loin de celui de Sithiu, qui est le point culminant de la ville. Le col qui séparait à l'origine ces deux hauteurs était dans l'intérieur de la place ; il forme aujourd'hui un petit plateau

gardé comme le point le plus fort de la place. Des
oulins à vent, qui existaient sur les remparts et ns le faubourg du Haut-pont, permettaient, avec elques moulins à eau, d'assurer la mouture des rains, dont la place était approvisionnée pour la bsistance de la garnison.

Le temps était venu où, suivant la coutume, il llait renouveler le Magistrat. La désignation des chevins qui devaient peut-être voir pendant leur dministration, changer les destinées de la cité, eut eu la veille de l'Epiphanie de 1677, et l'échevinage t ainsi composé :

Haut et illustre seigneur Claude-Henry de Croy, aron de Clarques, seigneur de Crecques, Robecque, tc., mayeur.

      Echevins élus :

Sire Antoine de la Houssaye, écuyer, s^r d'Avault.
Sire Josse du Bois, s^r de Percheval.
Sire Adrien van Rode.
Sire Pierre de Roberty, écuyer, s^r de la Muraille.
Sire Jean Hendricq.
Sire Edouart-Jacques Doresmieux, écuyer, s^r de Monicove.

Et sire Albert Caucheteur, lieutenant de mayeur.

Puis les quatre échevins désignés au nom du roi l'Espagne par le grand bailli Maximilien de Lières, comte de Saint-Venant [1] :

qui s'étend jusqu'au cavalier de l'Esplanade. Les Croates ou Cravates, qui ont sans doute donné leur nom à cette colline, formaient un corps de cavalerie légère Allemande ; on les trouve dans les armées françaises dès 1636. D'après le ms. Deneufville, cet ouvrage venait à peine d'être terminé.

[1] Il était grand bailli depuis 1653. Un de ses parents Adrien de Lières paraît avoir été tué au siège de 1677 (*Bulletin des Antiquaires de la Morinie*, t. VII, p. 435).

1677   Sire Antoine-Micquiels (Michiels) advocat au Conse d'Artois.

Sire Pierre de Lastre.

Sire André Loman.

Sire Robert Desannois.

Les échevins de l'année précédente devinrent juré au Conseil, c'étaient, outre ceux que nous avons vu aider les connétables en 1676 :

Noble homme Gilles-François de Lières, baron d Berneville, seigneur d'Isbergue, etc., mayeur ; Fran çois Lanvin, et François Robert[1].

Le banc des dix jurés pour la communauté, qu représentait surtout la bourgeoisie[2], était ains composé :

Philippe Foires, mayeur.

Jean Descaux.

Lambert Courden.

Jaspart de la Pierre grosse.

Adrien Roels.

Bernard le Roux.

Jean-Baptiste Nicolle.

André Harache.

Jacques Fauconnier.

Pierre du Val.

Les nouveaux mayeur et échevins étaient recrutés parmi les vieilles familles de la ville attachées à la maison d'Espagne, et redoutant la conquête fran-

---

[1] Registre au renouvellement de la Loi, 1590 à 1718, f. 220 et 221. *Arch. municip. de Saint-Omer.* — Pour le mode d'élection des échevins à cette époque, et leurs attributions, voir *les Anciennes communautés d'arts et métiers à Saint-Omer,* pp. 38, 54, et 69 à 72.

[2] *Les Communautés d'arts et métiers à Saint-Omer,* t. I, p. 38, 39, 70, 72, 76, 208, 256.

aise ; car elles pensaient très sainement que cet
événement amènerait un changement politique devant
entraîner la ruine des antiques libertés et des anciens privilèges de la cité [1]. D'ailleurs, la nationalité
des habitants était absorbée depuis plusieurs généra-
tions dans la domination espagnole ; ils détestaient
dans les Français un peuple qui s'était laissé envahir
par l'hérésie de la religion prétendue réformée, et si
e parti français [2] subsistait toujours, il était décon-

---

[1] Ces craintes n'étaient point chimériques : voir, à la fin de
e travail, la nomination du mayeur après la capitulation, et
ans les *Communautés d'arts et métiers à Saint-Omer,* t. I, p. 56
t 82, les changements que la conquête apporta dans la consti-
ution de l'échevinage.

[2] L'origine de ce parti remontait au traité d'Arras du 25 dé-
embre 1482, qui avait fait de l'Artois un des futurs apanages
u Dauphin ; il avait vu avec plaisir la surprise de la ville en
487, et ses espérances avaient été entretenues par les diverses
ntatives faites par les Français, pour s'emparer de Saint-
mer de 1551 à 1596, en 1638 et en 1647.
Mais la population leur était peu favorable en général, parce
qu'ils dévastaient constamment les environs, qu'ils avaient
n souvent des calvinistes dans les rangs de leur armée, et
que, lorsqu'ils étaient maîtres de la ville, ils se livraient à
ute espèce d'excès. (Ms Deschamps de Pas, *Hist. de la muni-
palité).* Aussi en 1488, les habitants avaient expulsé les Français « aymant mieux, disaient-ils, pour une fois se mectre en
dangier de leurs vies que de demeurer en subgection, servi-
tude et thyrannye des dits franchois. » (Lettre des magistrats
e Saint-Omer à ceux d'Ypres du 23 mai 1489, aux archives
Ypres).
Lors du siège de Thérouanne, en 1553, la correspondance
es généraux de l'armée de Charles-Quint avec les mayeur et
hevins, montre que la ville était alors toute espagnole de
œur et hostile à la France, et faisant des vœux pour le triom-
.e des armes de l'empereur. *(Bulletin des Antiq. de la Morinie,*
II, p. 717 à 737, 778 à 790, et 932 à 940). — En 1594, les Au-
marois témoignèrent une grande joie d'avoir échappé aux

1677 sidéré par la trahison qui avait failli livrer la ville au maréchal de Gassion en 1647[1], et il était très affaibli.

A peine installé, l'échevinage eut à s'entendre **13 janvier** avec le prince de Robecq qui, dès le 13 janvier, lui signalait les mesures à prendre, de concert avec lui pour la sûreté de la place. Il recommandait une plus grande surveillance aux chefs des portes, afin de ne laisser entrer aucune personne suspecte, il exigeai qu'on renforçât les corps de gardes placés près des portes, et qu'un échevin allât chaque nuit reconnaître si les gardes et sentinelles faisaient leur devoir. Il prescrivait de faire rompre la glace sur les fossés e rivières avoisinant la ville, afin d'éviter un coup de main que de très fortes gelées rendraient possible Il constatait, en outre, « que la plus grande fortifica » tion de ceste place consistait en sa bonne garni

soldats calvinistes qui combattaient alors pour la caus d'Henri IV, et qui pillaient et brûlaient les églises, et à cett occasion, l'évêque avait institué une procession solennelle qu avait lieu chaque année le 24 novembre. Des trois générau qui conduisaient l'armée française lors du siège de 1638, deu étaient huguenots, et le troisième, au rapport des prisonniers annonçait le dessein de profaner la chapelle de N.-D. des Mira cles et c'était là un grand sujet d'indignation pour les Audo marois. (*Le siège de 1638,* par Chifflart. *Mém. des Antiq. de l Morinie,* t. XIV, pp. 323 et 402. — *N.-D. des Miracles,* par le R P. Couvreur, 1647). Le grand Cartulaire de Saint-Bertin men tionne qu' « on brûla le 21 juillet 1644, à la cathédrale et » Saint-Bertin, un cierge blanc de 6 livres devant l'image de » saints patrons, pour la délivrance des Français qui couvraien » le pays. » En 1665, la ville de Saint-Omer avait prêté l serment d'usage au roi d'Espagne Charles II, et la cérémoni avait eu lieu aux acclamations populaires, avec de grande réjouissances. (*Les Abbés de Clairmarais,* par de Laplane, pp 721, 722.)

[1] *Histoire de Saint-Omer,* par Derheims, pp. 340, 341.

son », et se préoccupait du logement des troupes [1]. 1677
A son tour, le président Simon, au nom du roi
Espagne, signalait aux mayeur et échevins les
parations qui devaient être faites aux fortifications,
x frais de la ville ; il demandait l'agrandissement
ı bastion Sainte-Claire situé au dessus de la porte
ı Brûle, le regazonnement des parapets voisins des
ırtes Saint-Sauveur et du Haut-pont, le rétablisse-
ent par les habitants des faubourgs du retranche-
ent du Robardicq [2], et l'abattage des arbres et des
iies existant entre la porte du Haut-pont et le fort
x Vaches, et même des maisons, jusqu'à six cents
eds de la contrescarpe [3].

L'échevinage tombait d'accord avec l'autorité mili-
ire pour exécuter rapidement ces mesures, les
hevins commis aux fortifications et à l'artillerie
rveillaient et encourageaient les travailleurs, et
iprimaient aux travaux eux-mêmes la régularité
iispensable ; mais la grande préoccupation du ma-
strat était de trouver l'argent nécessaire. Son pre-
er soin fut donc d'imposer tout le peuple, et de
pprimer rigoureusement toutes les exemptions de
xes en faveur de certaines personnes. C'est ainsi
e les ecclésiastiques furent contraints de loger
ı gens de guerre, et de leur fournir l'ameu-
ıment nécessaire, sauf à se racheter de cette
ligation, moyennant une somme fixée par mois :
ieux florins 10 sols pour un curé de paroisse, et à
e somme proportionnelle pour les autres membres
clergé.

Registre FF f. 187 à 189, 13 janvier et jours suivants.
Digues le long de la rivière d'Aa.
Reg. FF f. 191, 193, 29 janvier.

1677 Puis, comme les ressources ainsi obtenues étaie[
insuffisantes et qu'il n'était plus possible d'obten[
de subsides de la cour d'Espagne, on chercha à fai[
des emprunts aux particuliers. Le président Sim[
1er février autorisa, le 1er février, les Etats de la province et [
Magistrat à emprunter en rentes perpétuelles [
viagères les sommes nécessaires à la défense, [
promettant que, si Saint-Omer tombait au pouvo[
des Français, les arrérages continueraient à êt[
payés par le roi d'Espagne sur la caisse du receve[
des impôts à Ostende, jusqu'à ce que la ville s[
rentrée sous sa domination. En vertu de cette aut[
risation, on se procura environ 25.000 florins, do[
on s'engagea à payer la rente, et on vendit, moye[
nant 300 florins une maison et une salpêtrerie appa[
tenant à la ville au dessous de la Motte Châtelain[
enfin, on tira encore 1500 florins de l'aliénation d'u[
moulin à poudre hors de la porte de l'Isel.

Les bruits les plus alarmants circulaient sur l[
approvisionnements de toute nature réunis par l[
Français et sur les engins de guerre dont ils disp[
saient ; on prétendait qu'ils devaient faire usage [
boulets rouges et « d'autres machines artificielles [
dont l'imagination populaire grossissait la puissanc[
et qu'ils brûleraient la ville sans merci ; les inquié[
tudes des habitants furent telles que le duc de Vill[
Hermosa écrivit le 1er février, de Bruxelles au prési[
dent Simon que « quoiqu'il n'y ait rien à craindr[
» tant pour la bonne disposition de la place que pou[
» la grande fidélité et la bravoure exemplaire que le[
» inhabitants ont faist paroistre en touttes occasion[
» pour le service de Sa Majesté », il emploierait, e[
cas de siège, tous ses efforts pour les secourir, [
qu'il ferait indemniser ceux dont les maisons souf[

raient quelque dommage [1] ; et l'échevinage porta 1677
19 février à la connaissance des habitants ces nou-
lles à demi rassurantes. Il était autorisé, ainsi que
s Etats et leurs députés, à lever toutes les sommes
cessaires à la défense, « soubz les mandats de l'intendant, à la participation tant du gouverneur et
capitaine général de lad. province que des députés
desdits Etats et dud. Magistrat [2]. » De plus, les
ts de l'Artois réservé furent convoqués pour le
mars, afin de régler toutes ces dépenses et tous
s crédits [3].

Le carême approchait, et il n'était pas possible que
habitants se conformassent aux règlements reli-
nux alors que l'alimentation publique était déjà
e difficulté de tous les jours ; comme le siège

« Le président Simon intendant de la province déclare
voir été engagé de la part de Son Altesse de faire entendre
mesdits sieurs (les échevins) que les ennemis faisoient
rand amas de toutes sortes de munitions, et des marches
ontinuelles sur les frontières, tesmoignant vouloir attenter
ceste ville de Saint-Omer, et de vouloir servir de boulets
ouges et d'autres machines artificielles, pour par ce moyen
ntimider les bons subjects de Sa Majesté, à raison de quoi,
on Excellence et ceux des finances avaient résolu, en cas de
iège de la ville, d'indemniser tous ceux qui viendroient à
ouffrir domages dans leurs maisons par les effets dud.
iège ; et mesme autorisé mesd. sieurs du Magistrat, en cas
e nécessité, lever l'argent à fraiz qu'ilz trouveront avoir
esoing. » (Délib. du Magistrat du 19 février 1677, reg. FF
98).

Première lettre du duc de Villa Hermosa, reproduite à la
e de la délibération qui précède.

Nous avons publié dans l'*Artois réservé,* p. 43, pièce IV, la
re du 13 février 1677, extraite de la Correspondance du
gistrat à Saint-Omer, par laquelle le duc de Villa Hermosa
voqua les mayeur et échevins à cette assemblée, qui fut la
nière tenue à Saint-Omer.

1677 épiscopal était vacant [1], ce fut une assemblée d'é
clésiastiques, tenue avant le mercredi des cendre
qui accorda l'usage journalier des œufs, et celui
la chair les mardi, jeudi et dimanche de chaq
semaine.

Cependant il était urgent d'employer utilement l
ressources que la ville venait de se procurer, car
n'était que trop vrai que depuis longtemps, la pr
voyance de Louvois avait accumulé à Lille des vivr
et des munitions, afin de pouvoir commencer
12 février campagne de très bonne heure. Le 12 février,
puissant ministre avait envoyé l'ordre au maréch
d'Humières, gouverneur des pays conquis en Flandr
de tenir les troupes prêtes pour assiéger, en mèn
temps, le 1er mars, Valenciennes et Saint-Omer [2]. D
26 février le 26 février, le régiment du marquis de Villa
partait de Calais, se dirigeant vers la seconde de c
places fortes, et allait occuper l'abbaye de Watten
qui n'en était distante que de dix kilomètre
Louis XIV, lui-même, parti de Saint-Germain-en-La
28 février le 28, commençait le siège de Valenciennes, et con
mandait au maréchal de Luxembourg de faire invest
Saint-Omer.
Mars Dans les premiers jours de mars, le maréch
d'Humières envoyait M. de Montmont, capitaine au
gardes et brigadier d'infanterie [4], se saisir de Nieu
let, du Bac, de Saint-Momelin et de Clairmarais

[1] Depuis le mois d'octobre 1675.
[2] *Histoire de Louvois,* par Camille Rousset, t. II, p. 283.
[3] *Mémoires du maréchal de Villars,* éd. de Vogué, t. I, p. 38. -
Notice historique sur Watten, par Hermand. *(Mém. des Antiq.*
la Morinie, t. IV, p. 179).
[4] Fontanges, comte de Montmont ou Monmont.
[5] Le comte de Genlis, colonel du régiment de la Couronn

illages voisins de Saint-Omer, et le 4 mars, à quatre 1677
4 mars
eures du matin, le château d'Arques avec sa garni-
on, composée d'environ 70 hommes commandés
ar un capitaine, tombait aux mains des Français [1],
ui brûlaient ensuite les moulins de la Madeleine.
'était le siège prévu qui s'annonçait, il n'y avait
lus d'illusion à se faire. On se prépara dans la ville
le soutenir vaillamment, comme on l'avait fait pour
elui de 1638, et nul ne désespéra de la fortune.

La Providence sembla d'abord seconder les assié-
és, car la persistance du mauvais temps empêcha
attaque des Français, et retarda l'arrivée de leur
rtillerie et des renforts qui leur étaient nécessaires.

Les habitants profitèrent de ce répit pour tirer les 8 mars
oudres hors des magasins, et les répartir à divers
mplacements près des remparts ; un nouveau règle-
1ent détermina le service des compagnies bour-
eoises, et on en créa deux nouvelles. On désigna
1s hommes qui devaient tour à tour être de garde la
uit à chacune des portes, dont les clefs furent con-
ées aux connétables [2].

---

t tué à la tête de son régiment à l'attaque de l'une de ces re-
)utes. On verra plus loin que son régiment fut donné à son
ère, qui occupa Saint-Momelin.

[1] Arch. municip. FF. f° 203.

[2] Voici les noms de ces connétables pour quatre des portes
: la ville.

Porte Saint-Adrien.

imanche.	Inglebert Leporcq,	connétable du Grand marché.
1ndi.	Jean Hendricq,	— des Bouchers.
ardi.	André Pasqual,	— de la Tenne rue.
ercredi.	Robert Pomart,	— des Bouchers.
2udi.	J.-B. Hendricq,	— du Grand marché.
2ndredi.	Jean de France,	— du Reperstraëte.
1medi.	Hosquart,	— de la Tenne rue.

1677   Les conseils de guerre se multiplièrent, et le princ
de Robecq excitait tour à tour le zèle des échevins
ou les félicitait de leur promptitude à exécuter le
mesures qu'il leur suggérait, ou celles que, d'u
commun accord, les deux autorités civile et militair
avaient prises pour la sûreté de la place [1]. Il du
même contenir les compagnies bourgeoises qui, im
patientes de se signaler, le prièrent de les laisser sor
tir pour attaquer les Français, dont ils supposaien
le camp encore insuffisamment fortifié ; il les retint
craignant un échec qui aurait pu démoraliser les ha

Porte du Haut-Pont.

Dimanche.	J.-B. Valée,	connétable	des Tanneurs.
Lundi.	Adrien Roly,	—	du Grushoucq.
Mardi.	Bernard Le Roux,	—	du Hault-pont.
Mercredi.	Dominique Marcotte,	—	du Reperstraëte.
Jeudi.	Pierre Vallé,	—	du Hault-pont.
Vendredi.	Robert Robins,	—	des Tanneurs.
Samedi.	Pascal Quevilliart,	—	du Grushoucq.

Porte Sainte-Croix.

Dimanche.	Dominique Brodel,	connétable	de la Grosse rue.
Lundi.	…… Tempéré,	—	de Ste-Croix.
Mardi.	Pierre Motron,	—	de Ste-Croix.
Mercredi.	Christophe Desmons,	—	de la Liste rue.
Jeudi.	Brussel,	—	de la Grosse rue.
Vendredi.	Jaspart de la Pierre Grosse,	—	de St-Bertin hault
Samedi.	Jean Blosq.	—	de St-Bertin hault

Porte du Brûle.

Dimanche.	Adrien Aloye,	connétable	du Brûle.
Lundi.	…… Chrestien,	—	de Lizel.
Mardi.	Jean Framery,	—	de la Liste rue.
Mercredi.	Jacques Faucounier,	—	de Lizel.
Jeudi.	Jacques Wavrans,	--	de St-Bertin bas.
Vendredi.	Robert Marcotte,	—	de St-Bertin bas.
Samedi.	Vast Prevost,	—	du Brûle.

(Registre FF., f° 212, arch. municip.)

[1] *Registre FF. aux arch. municip. passim.*

ants. Mais il ne put arrêter M. de Montifau, major 1677
cavalerie, qui, semblable aux héros du Tasse, se
ouvrir la porte du Brûle pour aller provoquer un
icier français, et combattre seul à seul avec lui.
ndant qu'il cherchait un adversaire, son cheval
battit, désarçonnant son cavalier, puis, se relevant,
'enfuit vers la ville. Aussitôt un jeune cornette
nçais s'élança sur M. de Montifau encore à terre,
le fit prisonnier [1].

Cependant, M. de Montmont, laissant le comman-
ment des troupes au maréchal de camp de la Motte,
ait quitté l'armée assiégeante, et s'était rendu au
np du roi, où il avait fait connaître à Son Altesse
yale, Monsieur, frère du roi, sous qui il devait
mmander, en quel état il avait laissé les choses.

M. de la Motte reconnut que les Français ne pou-
ient songer à investir complètement la ville, à
ise des marais qui s'étendaient à une certaine dis-
ice autour d'une partie de ses murailles, et qui
aient été inondés ; il eut fallu, pour atteindre ce
t, une armée beaucoup plus considérable que celle
it ils disposaient. Aussi, ils placèrent d'abord un
ps d'observation du côté de Watten, en échelon-
rent d'autres à Clairmarais, au Bac, à Nieurlet et à
nt-Momelin, puis ils cherchèrent un point vulné-
le par lequel ils pourraient arriver jusqu'au rem-
rt. Se rendre maître du fort de Saint-Michel ou de
urnonville, sur lequel s'étaient concentrés les ef-
ts de la défense, n'était pas une opération qui pût
issir sans entraîner de grandes pertes. Ils préfé-
ent préparer deux attaques, l'une, qu'ils pensaient
bord ne devoir être qu'une fausse attaque, par le

Ms Deneufville, t. II.

1677 Fort aux Vaches, et l'autre plus sérieuse, par l
terres élevées.

9 mars   Après avoir reçu un premier renfort de deux ré{
ments de dragons, ils commencèrent l'attaque
enlevant, le 9 mars, la redoute du Zest, au-delà
Haut-Pont, et la position de la Madeleine, du cô
d'Arques ; dans cette dernière affaire, les Espagn{
perdirent beaucoup de monde, et quelques piè{
d'artillerie qu'ils n'eurent pas le temps d'emmener.

Cet échec privait les assiégés d'une position i
portante et les resserrait dans la place. L'émoi y {
grand. Les glorieux souvenirs du siège de 163
pour la levée duquel on célébrait chaque année u
messe d'actions de grâces, et qui soutenaient la p
pulation, firent place à de sérieuses inquiétude
Voulant relever la confiance des bourgeois, le M
22 mars   gistrat fit chanter le 22 mars, une messe en musiq{
à la chapelle de Notre-Dame des Miracles, afin d'o
tenir la levée du siège ; elle fut dite par le Doye
les trois corps y assistèrent, et l'échevinage offrit {
cierge de 22 livres. A la cathédrale et à l'abbaye {
Saint-Bertin, des messes furent également célébrées
et le chapitre décida qu'il irait à son tour, le dima{
che suivant, à la même chapelle, dire une mess{
offrir une chandelle blanche de huit livres, et pri{
pour la délivrance de la ville [2].

24 mars   Un conseil de guerre, tenu le 24 au soir, réun
toutes les autorités militaires, qui remercièrent me
sieurs du Magistrat du zèle et de la bonne volon{
qu'ils ne cessaient de déployer, mais on ne s'arrê{
à aucune résolution. Dans la nuit suivante, 50 Esp{

[1] Registre FF. aux arch. municip. ffos 208 et 215.
[2] Registres capitulaires P. fo 45 vo.

noìs et 50 Allemands réussirent à entrer dans la vìlle 1677 25 mars
our en renforcer la garnison[1]; ils n'apportaient pas de
ouvelles rassurantes ; ils confirmaient que Louis XIV
vait pris d'assaut Valenciennes le 17 mars, et allait
ntreprendre le siège de Cambrai, et que des arme-
ients considérables se continuaient à Lille.

L'attaque reprit bientôt vers le nord ; et du 27 au 28 mars
8, les Espagnols durent encore abandonner la re-
oute élevée près de Nieurlet, puis celle du Grand
irge ; et il fallut songer à augmenter la défense du
iubourg du Haut-Pont, sur la porte duquel furent
lacées trois pièces de canon. L'entrée de 120 Alle-
iands qui pénétrèrent dans la ville pendant ces com-
ats[2], ne consola pas les assiégés de ces nouveaux
checs, d'autant plus que, dans le même temps, une
rmée entière se concentrait autour de Saint-Omer.

En effet, après la prise de Valenciennes, le roi levait
on camp le 21 mars, et le même jour, il donnait à Mon-
ieur, duc d'Orléans, son frère unique, le commande-
ient de 14 escadrons et de 20 bataillons qu'il détachait
e son armée pour les envoyer devant Saint-Omer. Sa
lajesté avait choisi, pour servir sous Son Altesse, le
iaréchal d'Humières ; pour lieutenants généraux, le
rince de Soubise, le marquis de la Trousse[3] et le
omte du Plessis ; pour maréchaux de camp, MM. de
ı Motte, d'Albret, le chevalier de Sourdis et Stoupp ;
our brigadiers de cavalerie, le marquis de Gournay
t M. de Bordages ; pour brigadiers d'infanterie,
lM. d'Aubarède, Ximenès, Souvray et Phiffer ; pour
iajor général, M. de Montmont ; pour premier in-

[1] Ms. Deneufville, t. II.
[2] Ms. Deneufville, t. II.
[3] Philippe Hardy, marquis de la Trousse, lieutenant général
epuis février 1677. (Abrégé chron., t. II, p. 462.)

1677 génieur, M. de Choisi ; le marquis de la Frézelière
commandait l'artillerie, et l'intendant de l'armée étai
M. Robert [1].

22 au 28 mars   Après avoir quitté l'armée royale au camp de l'ab
baye d'Haspres [2], Monsieur, avec environ 20.00(
hommes, alla camper le 22 mars à Leward, près
Douai, la droite vers Montigny [3], la gauche près de
Cantin ; le 23 à Lens [4], la droite au canal au-dessus
de Noyelles, la gauche à Avion ; le 25 à Beuvry [5], la
droite à Gorre, la gauche à Verquigneul ; le 26 à
Lillers [6], la droite au-dessus de cette ville, la gauche
vers le village de Cotte ; le 27, il faisait passer la Lys
à son armée, et campait au-delà d'Aire, la droite au
canal de Neufossé, la gauche au-dessus de Glomin-

28 mars   ghem [7], et arrivait le 28 à Blendecques, à 4 kilomè-
tres de Saint-Omer, où il établissait son quartier
général [8].

[1] *Campagnes du roi de l'année 1677,* par P. V. (Primi Visconti),
p. 52. Paris, Michallet, 1708, in-12, à la Biblioth. nat[le].

[2] *Haspres,* à 15 kil. de Valenciennes, canton de Bonchain
(Nord), sur la rive droite de la Selle.

[3] *Leward,* à 7 kil. de Douai (Nord), *Montigny,* à 8 kil. de cette
ville.

[4] *Lens* (Pas-de-Calais), à 20 kil. en deçà de Béthune.

[5] *Beuvry,* canton de Cambrin (Pas-de-Calais), à 4 kil. de
Béthune.

[6] *Lillers* (P.-de-C.), à 13 kil. au-delà de Béthune.

[7] *Glominghem,* hameau, commune d'Aire-sur-la-Lys.

[8] Deneufville, dans son manuscrit, t. II, fait arriver le duc
d'Orléans le 4 aux Fontinettes, près d'Arques. Dom Devienne,
dans son *Histoire d'Artois,* t. V, p. 268, écrit : « Louis XIV se
» rendit devant Valenciennes le 4 mars, *en même temps que Mon-*
» *sieur parut devant Saint-Omer.* » Après ces écrivains, tous les
historiens de Saint-Omer ont répété le même récit. C'est là une
erreur. Tous ceux qui ont écrit sur la campagne de 1677 sont
d'accord pour dire que le roi n'envoya son frère devant Saint-

Le jour même, il recevait un renfort de deux mille **1677**
ommes de pied et de cinq cents cavaliers, avec force
unitions, conduits par le duc d'Aumont, gouver-
eur du Boulonnais.

Tout était donc préparé pour que le prince pût im- **29 mars**
.édiatement commencer l'attaque de la place. Il visita
 suite tous les postes, et distribua les quartiers.
retint près de lui à Blendecques le maréchal d'Hu-
ières, le comte du Plessis et Stoupp, avec deux ba-
illons de Navarre, un de Humières, deux de Phiffer,
ux escadrons de Saint-Germain-Beaupré, et un de
iins. Il posta au passage d'Arques le prince de Sou-
se, MM. d'Albret et d'Aubarède avec deux bataillons
Anjou et deux des Vaisseaux ; il plaça à Clairmarais
 bataillon de Conty sous M. de Lare, mestre de
mp ; à Chasteau-Vieux, sur le vieux canal, six
mpagnies de Dragons-Dauphins ; à Nieurlet, le
aréchal de camp de la Motte, avec deux bataillons
Greeder, un de Phiffer, six compagnies de dragons
. Colonel général, un escadron du régiment d'Au-
ont ; au fort du Bac, un bataillon de Greeder ; à
int-Momelin, un bataillon de la Couronne sous le
evalier de Genlis, que le roi avait gratifié du régi-

ier qu'après la prise de Valenciennes. C'est ce que répète
Mignet, dans les *Négociations relatives à la succession d'Es-*
jne, t. IV, p. 438 (Documents inédits sur l'histoire de France).
Louis XIV, dit-il, envoya le 21 mars, son frère, le duc d'Or-
.ns, assiéger Saint-Omer. » Quelques-uns ont fixé la date de
rivée du prince à Blendecques au 24 mars ; d'après les do-
nents du Dépôt de la guerre qui donnent, avec une grande
cision, et jour par jour, la marche de son armée, qu'il ne
ança pas, il n'arriva à son quartier général de Blendecques
 le 28. En effet, ce n'est pas en trois jours, du 21 au 24,
il aurait pu effectuer la marche de Valenciennes à Saint-
ier.

1677 ment de son frère ; à Tilques, le marquis de l
Trousse, le chevalier de Sourdis, le marquis de Bol
dages, avec un bataillon de Royal-Roussillon et deu
bataillons italiens ; à Watten, un bataillon de la Cou
ronne ; à Tatinghem, le régiment de Touraine, com
mandé par la Frézelière, et le régiment de cavaleri
de Bordages ; à Wisques, six compagnies de Dragon:
Dauphins sous M. de Longueval ; et à Wizernes, deu
escadrons de Gournay [1].

La nouvelle de l'arrivée de l'armée du duc d'Or
léans fut bientôt connue dans la ville, et les esprit
des assiégés se tournèrent de plus en plus vers l
religion ; le lundi 29 mars, une messe solennelle fu
célébrée dans l'église de Saint-Omer pour implore
le secours du ciel [2].

L'investissement de la place étant complet, et le
Français ayant enfin amené une artillerie suffisante
ils établirent, le 29, une batterie de quatre pièces d
canon pour battre le Fort aux Vaches, et élevèren
un épaulement pour la couvrir. La garnison, qui étai
de quatre cents wallons, fit immédiatement, dans la
nuit suivante, une vigoureuse sortie contre ces ou
vrages, dans le dessein d'enlever les canons et de
renverser les logements ; mais le marquis de Villar:
repoussa la surprise et chassa l'ennemi dans le che
min couvert [3], puis le maréchal d'Albret, avec 40(
hommes du régiment de Navarre, conduits par sor
lieutenant-colonel, le chevalier de Souvray, acheva
la déroute des wallons, les poursuivit jusqu'à le
contrescarpe et les obligea à rentrer dans le fort. I:

[1] *Campagnes du roi de 1677,* Primi Visconti, déjà citées,
p. 78 à 80.
[2] Registre FF., f° 220, aux Arch. municip.
[3] *Mém. du mar^{al} de Villars,* déjà cités, t. I, p. 39.

rdit environ vingt hommes dans cette action, et
t un cheval tué sous lui ; mais les pertes des assié-
s furent plus importantes, et le major qui les com-
ndait fut fait prisonnier, avec son aide-major, à
ıgt pas de la contrescarpe [1].

Ces combats qui avaient eu lieu depuis le commen-
nent du mois de mars, au Bac, à Nieurlet, à Clair-
,rais, à Arques, au Zest, à la Madeleine, au Grand-
:ge et au Fort à Vaches, ne laissaient aucun repos
a garnison, ils en diminuaient l'effectif, et les
:tes étaient d'autant plus cruelles que les chances
recevoir des renforts diminuaient chaque jour.

Enfin, le 4 avril, les assiégeants, ayant encore été
ıforcés le 2, par des régiments de Dragons-Dau-
ın, de Listenay, et Royal, ouvrirent la tranchée à
nest de la place.

A chaque nouvelle épreuve, la population essen-
ılement religieuse de Saint-Omer avait imploré
ssistance divine. Cette fois, en présence de la
ınace du bombardement, une grande procession à
ıuelle assistaient l'intendant Simon, le comte de
int-Venant, grand bailli, tous les magistrats et
e foule de peuple, parcourut, le 4 avril, les rues
la ville, avec l'image de la Vierge et les chefs
nérés de saint Omer et de saint Bertin [2]. A cette
:asion, on permit aussi définitivement de manger
ıs pendant le carême.

Les Français vinrent camper près de Tatinghem,
le parc d'artillerie avait été amené, et le duc
)rléans s'installa lui-même dans ce village. On
aqua alors l'ouvrage à cornes des Cravattes, que

Primi Visconti, p. 81, 82.
[1] Reg. FF. aux arch. mun. f° 220, et Reg. capit. P. f° 46 v°.

battirent dix pièces de canon placées près de Sai:
Martin-au-Laërt [1]. Dans la soirée du 4, Monsieur e
voya à la tranchée le comte du Plessis, MM. de
Motte et d'Aubarède ; deux bataillons de Navar
furent placés à droite, et deux autres de Touraine
de Phiffer à gauche, ils étaient soutenus par qual
escadrons de Gournay et de Vains [2]. Pendant la ni
du 5 au 6, la garde fut relevée par le marquis de
Trousse [3], et Stoupp, avec les régiments d'Anjou
Magalotti. Le prince de Soubise fut de service les
et 7, avec le chevalier de Sourdis à la tête de quat
bataillons, deux du régiment de la Reine et deux d
Vaisseaux ; et ce fut M. d'Albret qui fut de garde
la tranchée la nuit du 7 au 8 [4]. Les boulets atteignire
le rempart et tombèrent, au-delà, jusque sur le vieu
marché : l'hôtel de ville n'était plus tenable, le M
gistrat dut accepter l'offre des moines de Sain
Bertin [5], qui mirent à sa disposition, dès le 6, plu
sieurs salles de leur monastère.

Les Français ne se bornèrent pas à cette attaqu
du côté ouest, qui produisit de terribles effets contr
l'artillerie de la ville ; la marche d'une armée venat
au secours de la place, qu'on leur avait annoncée
les obligeait à hâter les opérations du siège ; et pen
dant la nuit du 3 au 4 avril, le régiment Conty ava
ouvert aussi la tranchée devant le Fort aux Vaches
qui fut bientôt investi, du côté de la porte dite de

---

[1] *Ms. du g.al Vallongue,* 834 de la Bibl. municip. St-Omer, p. €
[2] Le colonel Vains fut tué le 5, à la tête d'un escadron.
[3] *Abrégé chronologique de la maison du roi,* t. II, p. 464.
[4] *Campagne du roi de l'année 1677,* par Primi Visconti, p. 8:
à 85.
[5] L'abbé de Saint-Bertin, François Boucault, était mort l
27 mars précédent.

Eaux, par le comte du Plessis avec les bataillons de 1677
Navarre, Anjou, et italien, soutenus par les Dragons-
Dauphin. Les opérations furent poussées avec activité ; la Frezelière fit placer une batterie de 24
pièces de canon qui ruina les feux des Espagnols ;
puis dans la nuit du 7 au 8, le fort fut attaqué par le
comte de Longueval et le chevalier de Quevilly, qui
avaient sous leurs ordres chacun six compagnies de
dragons. Ce fut une opération difficile, car il était
entouré d'eau, et accessible seulement par une digue,
où quinze hommes pouvaient à peine passer de front.
La garnison, surprise à deux heures de la nuit, ne
laissa pas de combattre avec une telle bravoure
qu'elle obligea les deux premières lignes à reculer.
M. de Quevilly les rallia, entraîna celles qui suivaient,
les mena lui-même à la palissade qu'il franchit le
premier, traversa deux fossés pleins d'eau, et poussa
les assiégés jusqu'au chemin couvert de la redoute.
Là, il rencontra, de nouveau, une résistance acharnée
de la part du commandant et de ses officiers ; et, mal
secondé par ceux qui le suivaient, il reçut un coup de
pertuisane [1] dans la cuisse, et à l'épaule un coup de
mousquet, qui le mit hors de combat. Le comte de
Longueval, qui attaquait le fort d'un autre côté, fut
plus heureux, il entra sans trop de difficultés. Le
commandant espagnol Durandal, sur le point d'être
fait prisonnier, aima mieux se faire tuer que de se
rendre. François Guérin, officier du régiment du
prince de Robecq, atteint d'une grave blessure, ne dut

[1] Les Espagnols se servaient encore alors de la pertuisane,
remplacée en 1670, dans l'armée française, par la lance. La
pertuisane était une arme d'hast, dont le fer présentait une
pointe à la partie supérieure, et sur les côtés, des pointes, des
crocs et des croissants.

1677 la vie qu'à un grand chien qui ne le quittait jamais ; au moment où un arquebusier allait achever son maître, le généreux animal terrassa son adversaire et faillit l'étrangler. La garnison se retira dans la redoute, mais voyant les Français maîtres du fort, elle mit bas les armes ; elle avait perdu 150 soldats. et officiers tués, dont le colonel Phairfaix. Douze officiers, avec cent soldats, furent faits prisonniers [1] et conduits à Aire.

Le comte du Plessis se jeta alors du côté du Haut-Pont, à la tête de ses bataillons victorieux, et essaya de surprendre le faubourg, mais les petits canaux qu'il rencontra firent obstacle à son passage, et il dut renoncer à ce hardi coup de main, dont le succès eût répandu la terreur dans Saint-Omer [2].

Cependant les Hollandais, qui avaient fait alliance avec les Espagnols, et que le duc de Villa-Hermosa pressait depuis longtemps, avaient rassemblé, au premier bruit du siège de Valenciennes, une armée, dont le commandement avait été confié au prince d'Orange [3] ; et ce capitaine, qui ne pouvait plus rien pour Valenciennes, rapidement enlevée par Louis XIV, devait tenter de secourir Saint-Omer. Le prince de Robecq s'était empressé de l'avertir de l'arrivée de Monsieur, et lui avait fait savoir que les Français n'avaient alors que quatorze mille hommes environ, qu'aucune ligne de circonvallation ou contrevallation

[1] D G. vol. 545.—*Annales des Provinces-Unies,* par Barnage, La Haye 1726, in-f°, t. II, p. 807. — *Histoire d'Artois,* par Dom Devienne, t. V, p. 239-240 ; et Primi Visconti, p. 86.

[2] Primi Visconti, p. 86.

[3] Guillaume III, de Nassau, prince d'Orange, stathouder des Provinces-Unies en 1672, et roi d'Angleterre en 1688, né à La Haye en 1650, mort en 1702.

'avait été faite, et qu'en se hâtant, il aurait facile-
...ent raison du frère du roi. Le siège avançait, l'ar-
...ée de secours n'arrivait pas, tandis que les Fran-
...ais recevaient incessamment des renforts, et le mo-
...ent était venu où toutes les communications exté-
...eures étaient coupées. Un soldat, porteur d'une
...ttre du duc de Villa-Hermosa, gouverneur des Pays-
...as, avait vainement cherché à pénétrer dans la
...lace, il avait été arrêté par les Français, et ses dépê-
...hes annonçant que Guillaume d'Orange marchait
...nfln au secours de Saint-Omer, étaient tombées aux
...ains de l'ennemi.

·Toutefois les assiégés restaient fermes dans leurs
...spérances, ils se rappelaient qu'en 1638 aussi, ils
...vaient attendu près de deux mois l'armée de secours
...ni avait fait lever le siège ; cette fois encore, ils
...evaient espérer que leur ténacité serait récompensée.
...'échevinage déploya plus d'énergie que jamais. Il
...écida que la moitié des bourgeois monterait alter-
...ativement la garde, et il fit, le 8 avril, une nouvelle
...épartition des postes à occuper sur les remparts par
...es compagnies bourgeoises. Il requit les brasseurs
...t les boulangers de fabriquer de la bière et du pain
...n quantité suffisante pour l'alimentation des troupes
...t des habitants, et les manneliers de faire des mannes
...t des fascines destinées à être placées sur les rem-
...arts, afin d'y abriter les soldats. Puis, comme il avait
...eçu, par l'intermédiaire du prince de Robecq, 400
...lorins, que le Président Simon avait accordées pour
...es dépenses journalières, il fit réparer l'artillerie, et
...articulièrement la batterie de l'ancienne porte Boule-
...isienne, qui avait beaucoup souffert, et rétablir un
...ras du pont-levis de la porte Sainte-Croix ; il donna
...e nouveaux ordres afin de faire travailler les com-

1677

9 avril

pagnies bourgeoises et les religieux au rempart, derrière l'abbaye de Saint-Bertin, et aux esplanades de la batterie de l'Abbé. Le 9 avril, il résolut d'ouvrir la fausse-porte, au-devant du boulevard, près la maison du comte de Saint-Venant, et la porte à eau donnant dans le fossé, près du couvent de Sainte-Claire, pour faire refluer, à travers la ville, l'eau dans la rivière de la basse Meldick [1], et augmenter ainsi, par l'inondation, la défense de la place, du côté où elle était le plus sérieusement menacée.

Songeant enfin à leur propre sûreté, les échevins qui, depuis la prise du Fort à Vaches, étaient de nouveau menacés par l'artillerie française dans leur refuge à Saint-Bertin, transportèrent le lieu de leurs assemblées chez les Dominicains, qui leur donnèrent plusieurs pièces de leur couvent situé au centre de la ville.

Pendant ce temps, le prince d'Orange, inquiet des rapides succès des Français, conférait rapidement à Anvers avec le duc de Villa-Hermosa, et partait de son camp de Mons [2] ; remontant d'abord au nord, il campait à Enghien [3], la droite de son armée au ruisseau près de cette ville, et la gauche à Steinkerque [4], le lendemain à Grammont [5], la droite au-dessous de cette place et la gauche à Saradek, de là à Gavre où il faisait passer l'Escaut à ses troupes ; il campait

---

[1] Registre FF. aux arch. municip. Délibérations du 8 au 11 avril, f°s 224 à 228. — La basse Meldick, qui est le cours principal de l'Aa, s'écoulait, par le faubourg, dans le marais de Lizel.

[2] *Mons,* chef-lieu de la province de Hainaut (Belgique).

[3] *Enghien,* à 31 k. de Mons.

[4] *Steenkerque-les-Enghien,* à 26 k. de Mons.

[5] *Grammont,* Flandre orientale, à 38 k. 5 de Gand.

ensuite près de Gand, puis descendait à Gramen [1], la 1677
droite à Deynze, la gauche à Gotthem [2]; il passait le
7 avril à Ypres, et venait, le 8, établir son camp à
Poperinghe [3]; le 9 au soir, il campait à deux kilomè-
tres au sud de Cassel, à Sainte-Marie-Capelle, la
droite à Oxelaere, la gauche à Saint-Silvestre-Capelle;
il en décampait à une heure de la nuit, et, marchant
sur cinq colonnes, il s'étendait, le 10, le long du petit
ruisseau de Peenne [4] et rangeait, entre Zuydpeene et
Noordpeene, son armée composée de vingt mille fan-
tassins et de plus douze mille chevaux [5].

Louis XIV avait averti Monsieur de la marche du
prince d'Orange sur Ypres, et lui avait envoyé, dès
le 31 mars, 8 bataillons et dix pièces de campagne [6].

De son côté, Louvois s'était rendu à Lille dans les
premiers jours d'avril, pour y faire rassembler les
troupes et les munitions que le roi voulait faire passer
à son frère, puis, laissant le soin d'exécuter ses ordres aux maréchaux de camp de Chamlay [7] et de la
Cardonnière, il était retourné au camp royal. Les
mouvements de l'armée du prince d'Orange ne tardèrent pas à inquiéter les Français, et le maréchal

[1] *Gramen,* à 23 k. de Gand.

[2] *Gotthem-les-Deynze,* Flandre orientale, à 24 k. 5 de
Gand.

[3] *Poperinghe,* Flandre occidentale, à 12 k. d'Ypres.

[4] DG. vol. 545. — La Peenne, ruisseau qui se forme à Zuydpeene, canton de Cassel, et qui tombe dans l'Yser à Wyldes,
canton de Bergues, arrondissement de Dunkerque.

[5] *La bataille du val de Cassel en 1677,* par de Smyttère,
p. 10.

[6] *Histoire de Louvois,* t. II, p. 295.

[7] Jules-Louis Bolé, marquis de Chamlay, né en 1560, mort
en 1719. (Notice de M. de Boislile dans le *Cabinet historique,*
janvier 1877.)

1677 de Luxembourg [1] courut se mettre à la disposition de Monsieur avec deux compagnies de mousquetaires. En même temps, le duc d'Orléans, par précaution, envoyait un bataillon à Bergues et un autre à Dunkerque, afin de mettre ces deux places en état de résister à un coup de main, et il attendait les événements.

Dès qu'il vit l'armée hollandaise s'approcher de Saint-Omer, il n'hésita pas à se porter au-devant d'elle, bien que ses forces ne fussent pas égales à celles de son adversaire. Le seul point par où la place pouvait être secourue, était au nord, du côté du Bac et de Nieurlet; il importait donc aux Français de couvrir leurs lignes de ce côté, et d'empêcher l'ennemi d'approcher de la place. Monsieur plaça d'abord au Bac, à Nieurlet et à Watten un bataillon de Phiffer, un de Greeder, des dragons et une partie des milices 8 avril boulonnaises. Et le 8 avril, il quitta Blendecques, et vint camper à Blaringhem, qu'occupa la droite de son armée, tandis que la gauche était au-dessus du Fort 9 avril Rouge; le 9, il fit avancer ses troupes, en portant sa droite à Ebblinghem, sa gauche au-dessus de Wœstine, où il établit son quartier général dans l'abbaye.

Il avait laissé à la garde du Fort aux Vaches le marquis de la Trousse et Stoupp, avec un bataillon de Bourgogne, un de Languedoc, un de la marine royale, un de Roussillon, avec quelques escadrons de Bordages et de cavalerie boulonnaise. Les assiégés, s'étant aperçus du peu de troupes qui occupaient le 10 avril fort, firent, le 10, une sortie, pour tenter de le reprendre, mais ils furent rejetés dans la place [2]. De

[1] Henri-François de Montmorency, duc de Luxembourg. (*Abrégé chron.*, t. I, p. 120.)
[2] Primi Visconti. p. 100.

son côté, le Magistrat, voyant les tranchées quelque 1677
peu dégarnies, décida le même jour de faire un
effort suprême pour combler les travaux des assiégeants et détruire, s'il était possible, les batteries du
côté de Tatinghem, qui faisaient tant de mal à la
ville. Tous les religieux, les domestiques des chanoines et un grand nombre de bourgeois, soutenus
par quatre-vingts cavaliers, sortirent le lendemain
matin, 11 avril, avec des pelles, des pioches et autres
instruments ; mais les Français étaient en éveil, ils
accoururent, et repoussèrent facilement ces travailleurs mal armés, qui durent renoncer à leur coura-
geuse entreprise [1].

De l'autre côté de la ville, régnait depuis deux ou
trois jours une grande activité, car le gouverneur
avait été avisé que le prince d'Orange avançait, et
qu'un pont de bateaux lui serait nécessaire pour
franchir la rivière d'Aa et les marais, soit du Bac,
soit de Nieurlet, ou de quelque autre endroit, et faire
entrer du renfort dans la place ; sur sa demande, les
échevins avaient chargé l'un d'eux, le s[r] Doresmieux,
et le s[r] de la Pierre grosse, l'un des dix jurés, de re-
quérir tous les bateaux qu'ils jugeraient convenables;
et les faiseurs de bateaux, avec d'autres corps de
métiers, travaillaient avec activité, dans le faubourg
du Haut-Pont, à préparer, sans retard, tous les ma-
tériaux nécessaires à l'établissement de ce pont [2].

Pendant que les assiégés cherchaient ainsi à aider
de tout leur pouvoir l'armée de secours, celle-ci était
attaquée, dès le 10, par les Français. Monsieur s'étant
aperçu que l'ennemi faisait un mouvement vers le

[1] Deneufville.
[2] Reg. FF. f° 28, Arch. municip.

1677 nord, avait empêché le prince d'Orange de se saisir du passage et de l'abbaye de Peene ; et après un engagement dans le cours duquel il avait infligé d'importantes pertes aux Hollandais, il restait maître de toutes les routes par où l'armée de secours pouvait ravitailler Saint-Omer, et occupait Balenbergh[1] qui tenait la route de Watten.

Dans la nuit du 10 au 11, son armée, inférieure en nombre à celle du prince d'Orange, recevait neuf bataillons détachés du camp royal, dont deux bataillons de gardes françaises. Ils étaient conduits par M. de Tracy[2], qui les avait menés avec une diligence extraordinaire, sans s'arrêter à Béthune, leur avait fait faire une marche de huit lieues la nuit, et n'avait employé que quatre jours pour aller de Cambrai jusqu'auprès de Cassel[3]. Monsieur eut alors sous ses ordres 38 bataillons et 80 escadrons[4], soit environ 25.000 combattants, dont 16.000 hommes d'infanterie et 9.000 chevaux[5].

11 avril Les Hollandais n'utilisèrent point la nuit pour reprendre l'abbaye de Peene, ou forcer le poste de Balenbergh, mais une partie de leur armée passa le ruisseau de la Peene. Ils rencontrèrent le lendemain 11, jour des Rameaux, l'armée française rangée en bataille derrière un second ruisseau, la Lyncke. C'est alors que se livra la célèbre bataille de Cassel, qu'on a appelée aussi bataille de Peenne ou Pienne, sur le

[1] Aujourd'hui Baelemberghe sur la carte de l'état-major. (Saint Omer.)

[2] Henry Bonneau de Tracy, alors brigadier, puis maréchal de camp en novembre 1677. Voir ses services, *Abrégé chron.*, t. III, p. 154.

[3] *Abrégé chron.*, t. III, p. 505.

[4] *Histoire de Louvois*, t. II, p. 296.

[5] *La bataille du val de Cassel*, déjà citée, p. 16.

erritoire sud et ouest de Zuydpene, limitrophe du 1677
illage de Noordpeene. Le prince d'Orange y fut com-
lètement défait[1]. Le soir même, à neuf heures, le
narquis de Chamlay écrivait à Louvois du camp
'Ebblinghem :

> « Au camp d'Abinghem [2] ce 11e avril à neuf
> » heures du soir 1677.

> » Je n'ay le temps, Monseigneur, que de vous mander
que nous avons aujourd'huy donné une bataille aussy
complette qu'on en ayt jamais veu. L'armée ennemie a.
esté entièrement deffaitte après un combat de trois heures
et demie; tout leur bagage et presque tout leur canon a
esté pris, et on les a poussé jusques à un peu au delà de
Cassel, ils se sont enfuis avec la plus confusion du monde
(sic), et l on n'a jamais veu deroutte pareille à celle là.
Ils vont estre obligé pour sauver le reste de leur infanterie de se débander près de Cassel, le débris de la ca-
vallerie s'est sauvé par petites trouppes au grand galop ;

[1] Nous ne faisons pas ici un nouveau récit de la bataille de
assel, qui a fait l'objet d'un travail complet : *la Bataille du val
e Cassel en 1677,* par de Smyttère. (Hazebrouck, Guermonprez,
365, in-8°, 162 p. et planche.) L'auteur y a cité tous les récits
ntérieurs au sien. Depuis, la Société de la Morinie a donné, dans
tome VII de ses Bulletins, une courte relation encore inédite.
e récit que nous publions est le premier qui ait été écrit, il est
édigé sous l'impression toute récente du succès, par un officier
upérieur ; c'est en quelque sorte un bulletin de victoire, et s'il
'est pas le plus exact, du moins, mieux que tout autre, il mon-
e l'enthousiasme des vainqueurs. Il a servi d'ailleurs, avec
ne autre narration du 13 avril (St-Pouenge à Louvois), qui se
ouve à la suite de la lettre de Chamlay, aux Archives du Dépôt
e la guerre, à faire le récit complet que donne M. Camille
ousset, p. 296 à 299 de son *Histoire de Louvois*.

[2] Aujourd'hui Ebblinghem. On écrivait en effet aussi Ablinghem
'où Abinghem) dans les documents topographiques. — Man-
ier, *Etudes étymologiques, historiques, etc., sur les noms des villes,
ourgs et villages du Nord*. Paris 1861, Aubry, in-8°.

4

1677 » enfin je n'ay jamais veu un si grand désordre, la perte
» que le prince d'Orange a faitte est inconcevable, et je ne
» suis pas persuader qu'il la puisse réparer de cette cam-
» pagne. L'épouvante est terrible dans ce qui est resté de
» cette armée, nous n'avons pas perdu autant de gens que
» nous le devions faire. Le fils de Monsieur de Villacerf[1] a
» esté tué ; demain, Monseigneur, je lèverai un plan du
» champ de bataille et vous en envoyeray le destail de ce
» qui s'est passé dans cette action qui s'est embarquée par
» plusieurs mouvemens qu a fait le prince d'Orange.

» Personne, Monseigneur, n'est à vous avec plus de res-
» pect et d'attachement que

» Signé : CHAMLAY.

» L'infanterie des ennemis a fait le plus grand feu qu'on
» ayt jamais veu[2]. »

Le lendemain, Chamlay envoyait le détail de la
bataille :

« Détail de ce qui s'est passé à la bataille de
» Cassel gagnée par S. A. R. Monsieur, contre
» M. le prince d'Orange le 11 avril 1677.

» Monsieur ayant appris, par les nouvelles qui luy ve-
» noient de tous côtés, la marche de l'armée du Prince
» d'Orange, pour venir attaquer celle du Roy, qui étoit à
» ses ordres, et que même il s'étoit avancé vers Ypres,
» S. A. R. ayant reçu un gros renfort de troupes que le
» Roy luy avoit envoyé, disposa toutes choses en l'ordre
» cy-après, mettant M. le M^{al} de Luxembourg, qui avoit
» amené le secours, à la tête de l'aisle gauche, et M. le
» M^{al} d'Humières à celle de la droite, pendant que S. A.
» R. se mit à la tête du corps de bataille ; laquelle étant
» résolue, M. le M^{al} d'Humières voyant que l'aisle gauche
» des ennemis s'avançoit, et qu'ils avoient déjà fait passer
» le ruisseau à 3.000 hommes de pied, il les chargea, et

[1] Branche de la famille de Colbert.
[2] Original du Dépôt de la Guerre, vol. 545, p. 106.

» les défit, puis passant à la tête du ruisseau avec la gen-   1677
» darmerie qui composoit l'aisle droite qu'il commandoit,
» il prit l'aisle gauche des ennemis en flanc, et après une
» assez vigoureuse résistance, il les défit absolument ; ce-
» pendant Monsieur s'avançoit avec son corps de bataille,
» celuy des ennemis étoit sur le ruisseau, partie d'un côté,
» partie de l'autre, les détours du ruisseau en ces endroits
» ne permettant pas de faire une ligne droite, la résis-
» tance des ennemis fut très longue et très vigoureuse.
» Monsieur chargea plusieurs fois à la tête des escadrons
» et des bataillons, et comme il étoit toûjours au plus fort
» de la meslée, il eut un cheval blessé sous luy, et un coup
» de mousquet dans ses armes, plusieurs personnes furent
» tüées ou blessées auprès de luy. M. le ch^{er} de Loraine
» fut légèrement blessé au visage, et M. le ch^{er} de Nan-
» touillet à la jambe. Toutes les troupes firent des mira-
» cles, animées par la présence de Monsieur, les mousque-
» taires du Roy se surpassèrent eux-mêmes, et perdirent
» M. de Moissac ; les régiments d'Humières et Du Maine
» allèrent plusieurs fois à la charge.

» Les ennemis plièrent enfin, et pendant qu'on les atta-
» quoit avec tant de vigueur à la droite et au corps de
» bataille, M. de Luxembourg voulait passer le ruisseau
» pour prendre en flanc leur gauche, mais il trouva deux
» bataillons retranchés dans l'église de Peene, et ne put se
» rendre maître de l'église et du passage du ruisseau qu'a-
» près avoir fait venir du canon ; dans le tems qu'il voulut
» charger pour passer de son côté, Monsieur luy manda
» la défaite des ennemis qui fûyoient, abandonnant leur
» canon et leur bagage, M. de Luxembourg qui voyoit les
» mouvemens que les ennemis faisoient, manda à S. A. R.
» qu'il déferoit entièrement le reste des fûyards ; il passa
» la rivière pour aller après eux, et les poussa quelque
» tems, en taillant en pièces tout ce qui se sauvoit, et
» manda ensuite à Monsieur, qui le faisoit soutenir de
» près, qu'il alloit continuer à les poursuivre, et que leur
» défaite étoit si entière qu'il n'y avoit pas dix des enne-

1677 » mis ensemble ; il fit passer ceux qu'il conduisoit au tra-
» vers du bagage de l'armée ennemie, et les empêcha de
» s'amuser au pillage.

» Toute l'infanterie des ennemis a été défaite, aussi bien
» que les dragons ; il y a plus de trois mille hommes tués
» sur la place, et 15.000 mousquets et piques semés en une
» demie lieue de païs.

» Tout le canon du Prince d'Orange, l'équipage de sa
» personne, celuy de toute son armée, ses vivres et ses mu-
» nitions ont été pris, avec 2.500 prisonniers, 40 drapeaux
» et 14 étendarts. Monsieur a eu 20 de ses domestiques
» blessés autour de luy, et même un coup de feu sur ses
» armes, dont la bonté luy a conservé la vie [1]. »

Pendant la bataille, les défenseurs, dans l'intérieur
de la ville, s'inquiétaient de ne pas voir le combat se
rapprocher du côté de Nieurlet, d'où pouvait venir
le salut, et de ne point recevoir le signal de faire
quelque sortie pour jeter le pont de bateaux préparé,
et ils attendaient avec anxiété le résultat de l'engagement des deux armées. Vers la chute du jour,
lorsque le bruit du canon eut cessé, le prince de
Robecq, malgré ses propres inquiétudes, chercha à
persuader au peuple que le prince d'Orange n'avait
point perdu la bataille, et que la journée du lendemain pourrait être plus favorable à la ville. Mais
l'illusion fut de courte durée, et se dissipa le soir
même, lorsqu'on entendit les salves d'artillerie que
les Français tiraient dans leur camp, en l'honneur de
la victoire que Son Altesse Royale venait de rem-
porter. Pendant que ces réjouissances s'y prolon-
geaient, les détails de la complète défaite de l'armée
de secours parvenaient petit à petit dans la ville et y
jetaient la consternation ; la nuit y fut lugubre, agitée,

[1] DG. vol. 545, p. 107, original sans signature.

et pour presque tous sans sommeil. Le lendemain, on apprit que des lettres, par lesquelles le Magistrat, ignorant encore le résultat de la bataille, informait le prince d'Orange de la triste situation de la place, étaient tombées entre les mains du brigadier Phiffer, qui commandait au Bac et à Nieurlet, et que le duc d'Orléans, après en avoir envoyé une copie au roi[1], en avait fait répandre d'autres copies dans son camp, afin d'exciter le courage de ses troupes, en leur donnant l'espoir d'un succès prochain et définitif. Le prince avait en effet pris ses mesures pour que les assiégés apprissent qu'il était en possession de ces lettres, et qu'il n'ignorait rien de l'état de détresse de la ville.

Le duc d'Orléans avait envoyé de suite le marquis d'Effiat rendre compte de la bataille au roi, qui lui fit témoigner son extrême satisfaction par le marquis de Saint-Geniès[2].

Dès le 12 avril, Louvois écrivit du camp devant la citadelle de Cambrai, aux divers commandants d'armée ou de places-fortes pour annoncer cette victoire, et dans une lettre du 13 adressée à Courtin, ambassadeur en Angleterre, il répétait les paroles du roi, qui espérait « que ce coup disposerait ses ennemis « à donner les mains à la paix[3]. »

[1] Primi Visconti, p. 147.

[2] *Annales des Provinces-Unies,* par Besnage, déjà citées, t. II, p. 809.

[3] Voici ces deux lettres :

M. de Louvois

A M. le M^{al} de Créquy

du 12 avril, au camp devant la citadelle de Cambray.

Après les nouvelles du siège de la citadelle de Cambray, il ajoute :

« Et le Roy vient d'aprendre que Monsieur deffit hyer l'ar-

1677 Certes, si la bataille de Cassel pouvait amener la
cessation des hostilités, on ne pouvait penser, à

» mée de Monsr le prince d'Orange à platte couture ; Monsr le
» m^quis d'Effiat qui a porté cette nouvelle asseure que tout le
» canon et le bagage des ennemis est pris, qu'il y a des en-
» droits où l'on voit 3000 hommes tuez sur la place, et que
» lorsqu'il est party, il n'y avoit pas 20 hommes ensemble qui
» songeassent à faire une arrière garde.

» Je ne doubte point que si la nouvelle de Valenciennes n'a
» pas fait faire alte aux Allemands, celle-cy ne les fasse re-
» passer le Rhin tout au plus viste, et, afin qu'ilz ne puissent
» ignorer, Sa Maj^té me commande de vous despecher ce cou-
» rier, pour vous faire sçavoir que son intention est que vous
» donniez ordre que l'on fasse incessamment des réjouissances
» publicques, et que l'on rende grâce à Dieu pour un évène-
» ment si advantageux au bien de son Estat, dans toutes les
» places qui sont soubz votre commandement.

» Je vous suplie de vouloir bien despescher un courier en
» Comté pour y porter le mesme avis à Monsr de Duras, et de
» me croire toujours entièrement à vous. »

DG. vol. 532, p. 111 et 112.

— La même lettre fut adressée à divers commandants d'armée ou de places-fortes, MM. de Magalotti, comte de Nancré,
de Cezen, de Montal, de Calvo.

Dans une lettre du 13 avril 1677, datée aussi du camp devant Cambrai, et adressée à Courtin, ambassadeur du Roi en
Angleterre, Louvois s'exprime ainsi :

« Vous debvez, auparavant que de recevoir cette lettre, avoir
» esté informé que M. le prince d'Orange s'étant engagé trop
» près de Monsieur, ignorant que neuf bataillons et cinquante
» escadrons l'avoyent joint la nuict précédente, a esté deffait à
» platte couture, le xie de ce mois, en sorte que l'on luy a tué
» 3000 hommes sur la place, pris 2500 prisonniers, son canon,
» ses munitions, ses vivres, et tout son bagage. Je ne sçais ce
» que la Chambre basse dira de cet évènement, mais aparem-
» ment il ne persuadera pas les Anglois qui sont sages d'em-
» brasser un party aussy deslabré qu'est celuy là présentement.

» La première chose que me dit le Roy en recevant une
» nouvelle aussi considérable fut qu'il espéroit que ce coup

Saint-Omer, que la paix fût cependant assez pro-
chaine pour sauver la place. Aussi la défaite du
prince d'Orange abattit un instant les courages ; la
situation de la ville était d'ailleurs critique, les magistrats voyaient avec inquiétude l'épuisement du
trésor, la difficulté toujours croissante de se procurer de l'argent, et la solde des troupes devenue
presque impossible ; les blessés et les malades étaient
nombreux, et les édifices publics ou privés avaient
déjà subi bien des dégâts. Cependant, après un premier moment de stupeur, les âmes semblèrent se
grandir au niveau de l'épreuve que Dieu venait de
leur envoyer ; en outre, les sentiments d'attachement
à la maison d'Espagne se manifestèrent chez les
bourgeois, d'autant plus ardemment que la ville
était plus menacée de passer très prochainement sous
une autre domination ; et, par une résistance que
commandait sans doute l'honneur militaire, ils vou-
lurent, en même temps, donner une dernière preuve
de fidélité à leur souverain. Aussi le parti français
resta-t-il en minorité, et n'osa s'agiter ; il lui semblait
d'ailleurs qu'il n'avait qu'à attendre les événements.

Après la bataille, Monsieur s'était occupé de faire
ramasser et soigner les blessés, de quelque nationalité qu'ils fussent[1]. Il avait envoyé des chariots et des
voitures avec des médecins, des chirurgiens et des
vivres spéciaux pour les secourir, et sur le champ
de bataille même, on établit, dans une grange qui

» disposeroit ses ennemis à donner les mains à la paix....... »
Et il espère que les Anglais ne donneront au prince d'Orange
aucune apparence de secours, ni des forces qui pourraient relever son courage.

DG. vol. 532, p. 118 et 119.

[1] Primi Visconti, p. 145.

1677 existe encore, une infirmerie provisoire pouvant contenir près de deux cents blessés [1].

Bien que le roi lui eût ordonné d'envoyer la plus
grande partie de sa cavalerie en différents quartiers
pour la faire subsister plus facilement, comme elle ne
manquait point de fourrages, il jugea devoir en conserver la plus grande partie pour accélérer le siège,
et il ne renvoya que quelques régiments [2]. Il resta
dans les environs de Cassel, observant les débris de
l'armée ennemie, prêt à empêcher quelque troupe
débandée de se jeter dans Saint-Omer.

Mais le maréchal d'Humières, immédiatement après
la bataille de Cassel, était retourné devant la place,
afin de faire cesser les sorties des assiégés, et il avait
reçu de Monsieur l'ordre de faire construire une batterie de 20 pièces de canon, dirigée contre le faubourg du Haut-Pont. L'attaque ne tarda donc pas à
17 avril recommencer de ce côté. Dans la nuit du 17 au 18
avril, les Français parvinrent jusqu'à l'avant-fossé ;
La Cardonnière, lieutenant général, commandait la
gauche, Stoupp la droite, et Villechauve le corps du
centre. Les assiégés les reçurent avec une grande
énergie, leur tuèrent près de 700 hommes, dont la
Frezelière à la tête des grenadiers, en blessèrent
beaucoup d'autres, notamment La Cardonnière, et
ne les laissèrent pas avancer [3]. Mais ce fut là le der-
18 avril nier effort des Espagnols. La nuit suivante, l'ennemi,
rendu plus prudent, alla à la sape, et s'étendit da-

[1] *Bataille du val de Cassel,* par de Smyttère, p. 41.
[2] DG. 546. Flandre 1677, avril. Avertissement, résumé des
opérations.
[3] Ms. Deneufville, Dom Devienne et P. Visconti. On lit aussi
dans le *Grand Cartulaire de Saint-Bertin,* t. X, qu'il y eut « grand
» carnage de part et d'autre. »

vantage, il jeta ensuite des fascines pour combler 1677
l'avant-fossé, et força les assiégés à abandonner le
faubourg, où le brigadier Phiffer s'établit fortement.

C'était un nouveau et cruel désastre pour les défenseurs de la place. Le gouverneur, pour ranimer les
courages, fit répandre le bruit qu'il avait reçu avis
que Louis XIV avait été contraint de lever le siège de
Cambrai, et que le duc d'Orléans recevrait incessamment l'ordre d'abandonner celui de Saint-Omer.
On croit aisément ce qu'on désire. Les assiégés re-
doublèrent d'ardeur et d'activité, et la défense devint
acharnée. Le corps de la place, attaqué le 19, par les 19 avril
ennemis, dont quelques-uns s'étaient déjà avancés
jusqu'aux palissades, fut vaillamment défendu, et ils
ne purent se loger qu'à cent pas de l'avant-fossé ; de
là, ils continuèrent leurs travaux dans la nuit du 19
au 20, et purent s'avancer jusqu'au fossé.

Cependant Louvois avait écrit le 19 avril au duc
d'Orléans :

« A Monseigneur le duc d'Orléans.
» Soubz Cambray.
» Monseigneur,
» J'ay receu la lettre dont il a plu à V. A. R. de m'ho-
» norer le 18 de ce mois, celle cy jointe de Sa Ma[te] vous
» informera qu'elle ne veut point vous oster le plaisir et la
» gloire de parachever le siége de S. Omer, et qu'estant
» bien ayse de conserver M. de Vauban, elle a envoyé
» ordre au sieur de Montguiraud de se rendre incessam-
» ment auprès de V. A. R. J'espère toujours, qu'aupara-
» vant que nous arrivions à Aire, nous aprendrons la ré-
» duction de S. Omer. Je suis avec le profond respect que
» je doibz, etc. [1]. »

Louvois ne se trompait pas ; la prise du Haut-Pont

[1] DG. vol. 532, f° 145 v°. — Copie.

1677 était annoncée, le 20, à Louis XIV, qui passait à Béthune après la réduction de la forteresse de Cambrai, et Monsieur allait bientôt recevoir la capitulation de Saint-Omer.

Les assiégeants avaient fait au mur d'enceinte une brèche si énorme que cent hommes pouvaient y passer [1], ils avaient employé les journées du 19 et du 20 à combler le fossé, et ils allaient arriver à la hauteur des arcades. Un dernier conseil de guerre se tint, le 20, dans la place, sous la présidence du prince de Robecq; les autorités militaires, le grand Bailli, le mayeur en exercice et celui de l'année précédente, le conseiller de ville Taffin, Dom Georges Petquam, abbé de Clairmarais, et trois représentants du chapitre de la cathédrale : Jacques de Lières, doyen, François du Chambge, archiprêtre, et Jean-François Taffin, chanoine, y assistèrent [2]. Le gouverneur donna lecture d'une lettre du maître de camp Bonamigo, et exposa que la brèche faite au rempart par le canon ennemi était praticable, et que la ville pouvait être emportée d'un moment à l'autre; que la moitié de la garnison avait péri, qu'il n'y avait plus d'armes ni de poudres dans les magasins, et que l'artillerie était hors d'état de servir; qu'il n'y avait plus de secours à espérer, et que le duc d'Orléans, revenu la veille à son quartier de Blendecques, venait de

20 avril

---

[1] *Annales des Provinces-Unies*, t. II, p. 816. — On voit encore aujourd'hui l'emplacement de cette brèche ; une partie du revêtement extérieur du rempart, près de la porte de Dunkerque, qui n'existait pas à l'époque du siège, porte sur un large espace, au milieu de briques, la date de 1677, qui y aura été placée lors de la reconstruction du rempart, pour attester que c'est par ce point que la ville a été attaquée.

[2] Voir extrait des registres capitulaires n° 1, aux pièces justificatives.

faire mettre son armée en bataille sur la hauteur de 1677
la Justice d'Arques. On décida alors de demander à
capituler, plutôt que de risquer inutilement la vie et
les biens des habitants.

Le conseil de guerre se termina à cinq heures et
demie du soir. Avant que la délibération fut achevée,
le bruit s'était déjà répandu dans la cité que l'on se
proposait de capituler, et l'agitation était extrême, les
bourgeois ne voulant pas se rendre, prétendant encore
défendre la brèche, et manifestant plus que jamais
leur peu de sympathie pour la domination française.
Malgré cette opposition[1], le prince de Robecq, sa-
chant que si la ville était prise d'assaut, les vaincus
n'obtiendraient point de quartier, fit battre la cha-
made vers 6 heures, et on échangea des ôtages. Le
marquis de Villars, qui se trouvait dans la tranchée,
fut désigné pour aller dans la place régler la capitulation[2]. Mais il ne fut pas possible de s'entendre,
et, dans la soirée, les Espagnols envoyèrent au camp
français le colonel d'infanterie de Fey et M. d'Ha-
moncourt, colonel de cavalerie[3]. Le duc d'Orléans
exigeant, malgré l'avis contraire du maréchal de
Luxembourg, que la garnison se rendît prisonnière
de guerre, les parlementaires se retirèrent. Les négociations reprirent le lendemain, et se prolongèrent 21 avril
toute la journée. Son Altesse royale consentit enfin
à laisser l'infanterie et la cavalerie sortir avec leurs
armes, chevaux et bagages, pour se rendre à Gand,

[1] *Annales des Provinces-Unies,* t. II, p. 811.
[2] *Mém. du M^{al} de Villars,* éd. La Haye, t. I, p. 71, — éd. de
Vogué, Paris 1884, t. I, p. 41.
[3] DG. vol. 545, p. 202. Lettre du M^{al} de Luxembourg à Louvois, du 20 avril 1677, 10 heures du soir, et *Campagne du roi de
l'année 1677,* p. 149.

1677 mais elle refusa deux pièces de canon que le prince de Robecq demandait avec insistance à conserver ; toutefois, à la sollicitation pressante du marquis de Villars, il finit par les accorder, lorsque celui-ci lui rendit compte de la capitulation [1]. Elle fut signée le 22 avril au matin, à Blendecques, et une porte fut livrée aux Français avant midi. M. Robert, intendant de l'armée de Flandre, en envoya de suite le texte à Louvois [2], qui venait d'arriver à Thérouanne avec le roi [3].

En quittant le conseil de guerre le 20, à cinq heures et demie du soir, le Mayeur avait de suite assemblé l'échevinage qui avait à traiter au nom de la cité. Il travailla toute la nuit à rédiger les articles de la capitulation, qu'il fit porter le lendemain, au camp de Blendecques, par ses députés, auxquels se joignirent

22 avril

20 au 22 avril

---

[1] *Mémoires du marquis de Villars,* loc. cit., et voir aux pièces justificatives l'article 2 de la capitulation militaire que nous publions en entier. Il porte en effet que ces deux pièces de canon sont refusées, mais tous les historiens mentionnent que la garnison quitta la ville en emmenant ces deux pièces.

[2] Voir la lettre de cet intendant aux pièces justificatives. — Louvois avait été déjà averti le 20, par le chevalier de Nantouillet que le duc d'Orléans lui avait envoyé, que les Espagnols avaient demandé à capituler ; lorsque la capitulation fut signée, il annonça de suite cet événement au M[al] de Créquy par la lettre suivante :

« A M. le M[al] de Créquy.

» 22 avril 1677, à Terroüanne.

» Monsieur a pris possession aujourd'huy d'une des portes de » S. Omer, et demain la garnison Espagnolle en part pour s'en » aller à Gand. M. Le Tellier vous adressera au premier jour » les ordres nécessaires pour en faire faire des réjouissances » pour aprendre à nos voisins le bon succès des armes de S. M. » Je suis tout à vous. »

Copie DG. vol. 532, p. 151.

[3] *Itinéraire des rois de France ;* le roi coucha à Thérouanne.

ceux de la noblesse, et ceux du chapitre : l'archi- 1677
prêtre du Chambge, et Jean-François Taffin [1]. Le
vainqueur de Cassel reçut assez mal ces envoyés, se
plaignant de ce que le Magistrat n'avait pas fait sa
soumission la veille au soir ; il accepta provisoire-
ment les articles de la capitulation, qu'il présenta le
22 au roi, à Thérouanne [2] ; Louis XIV y fit mettre les
réponses qu'il jugea convenables, et y apposa sa
signature [3].

La garnison espagnole, composée d'environ deux
mille hommes d'infanterie, et de 500 chevaux, avec
deux pièces de·canon, sortit de Saint-Omer le lende- 23 avril
main 23, vers 9 heures du matin [4], par la porte du
Brûle, et se dirigea vers Gand.

Le siège avait duré sept semaines : si la bataille
de Cassel et la reddition de la place étaient de glorieux
faits d'armes pour les Français, les assiégés, de leur
côté, avaient fait preuve d'une grande bravoure et

---

[1] Voir extrait des registres capitulaires n° 2, aux pièces justificatives.

[2] *Histoire de la ville de Thérouanne,* par M. Piers, p. 50.

[3] Deneufville, t. II de ses *Annales,* et, après lui, Dom Devienne,
ont raconté que la capitulation militaire semblait s'être faite à
l'insu de l'échevinage. C'est là une erreur, puisque la présence
des deux mayeurs est constatée dans le conseil de guerre tenu
le 20, jour où elle fut décidée. Ils ont aussi reproché au Magistrat d'avoir rédigé tardivement les articles de la capitulation. Nous ferons observer qu'il était facile d'obtenir immédiatement une suspension d'armes, sauf à discuter ensuite ; tandis
que les échevins ne pouvaient se présenter au vainqueur qu'avec
un projet de capitulation, et qu'il fallait bien qu'ils eussent le
temps de le rédiger. La convention militaire paraît même avoir
fait l'objet de plus longues discussions que la capitulation civile. Dans tous les cas, elles furent approuvées toutes deux le
même jour.

[4] Grand Cartulaire de Saint-Bertin.

1677 d'une énergique résistance ; ils n'avaient mis bas les armes que réduits à la dernière extrémité, après 17 jours de tranchée ouverte, et le prince de Robecq, gouverneur, avait largement fait son devoir jusqu'à la dernière heure. Il y avait 161 ans, depuis 1516, lors de l'avènement de Charles I (plus tard Charles-Quint), que Saint-Omer appartenait à l'Espagne.

Les Français remplacèrent immédiatement les troupes espagnoles dans tous les postes et au château ; puis, comme l'effervescence des bourgeois n'était point calmée, et que de nombreux et ardents défenseurs de la cause espagnole manifestaient encore leurs sympathies, des patrouilles parcoururent les rues pour maintenir l'ordre et dissiper les rassemblements ; ensuite, le nouveau gouverneur, que le roi avait désigné de suite, fit procéder au désarmement des habitants, et déposer lenrs armes à l'hôtel de ville. Entre la place où il s'élevait et le château, bâti autrefois pour contenir les habitants, s'étaient construites, par suite de diverses tolérances, un certain nombre de maisons qui formaient un des côtés des rues Boulenisienne et du Lyon-d'Or, elles ne permettaient plus à l'artillerie de la citadelle de dominer la ville. Aussi, pour couper court à toute tentative de résistance ou empêcher quelque révolte, les Français placèrent une batterie de canon sur la place même, en face de la façade ouest de l'hôtel de ville [1]. Ces

---

[1] Cette batterie ne fut enlevée que vers la fin du xviie siècle. Quant à l'îlot de maisons qui séparait la place du château, les Français ne tardèrent pas à l'abattre, et à former un glacis au-devant de la citadelle, puis ils élargirent la place du marché, pour mettre l'artillerie en état de la foudroyer. (*Recherches étymologiques sur Saint-Omer, notes du Bibliophile artésien*, 1867, p. 152.)

mesures, ainsi que l'attitude résolue des troupes, 1677 intimidèrent les habitants et les obligèrent à subir la force des événements.

Peu après le départ des troupes espagnoles, à onze heures du matin, le duc d'Orléans fit son entrée dans la ville par la porte Neuve (Saint-Sauveur, aujourd'hui de Calais) à la tête d'un détachement formé du régiment des Dragons-Dauphin, commandé par les ducs d'Elbeuf et de Longueville, et de plusieurs régiments d'infanterie. Il se rendit à la cathédrale, où, en l'absence de l'évêque, il fut reçu au portail ouest par le Doyen, revêtu de ses plus beaux ornements sacerdotaux de couleur blanche, et par les chanoines. Le Doyen lui présenta à embrasser le morceau de la vraie croix conservé dans l'église, et après une courte allocution, il fit chanter un *Te Deum*. Un siège avait été préparé pour le prince sur le parvis; l'autel était brillamment éclairé, et les reliques de saint Omer étaient exposées[1]. Le duc parcourut ensuite avec son état-major les rues de la ville, examina les fortifications et assista à un second *Te Deum* à Saint-Bertin dans l'après-midi[2].

Cependant l'article 5 de la capitulation imposait à 28 avril la ville l'obligation de payer 18.000 livres, pour le rachat de ses cloches, à l'officier qui avait commandé l'artillerie pendant le siège[3], et l'échevinage ne se décidait pas à faire le versement de cette somme con-

---

[1] Extrait des registres capitulaires, nᵒ 4, aux Pièces justificat.

[2] Grand Cartulaire de Saint-Bertin ms., et les *Abbés de Saint-Bertin,* par M. de Laplane, t. II, p. 343.

[3] Autrefois, tout ce qu'une ville, qui avait été prise ou qui avait capitulé, contenait de métal, autres que le fer, l'or et l'argent, devenait le butin des officiers qui avaient commandé l'artillerie pendant le siège.

1677 sidérable. Au bout de six jours, le lieutenant d'artillerie, lassé d'attendre, se décide, à recourir à la force. Il range le matin quelques troupes en bataille sur la grande place pour contenir le peuple, puis il entre lui-même avec une escorte dans la chambre d'audience du Magistrat, et réclame impérieusement au mayeur la contribution imposée. Après quelques protestations, celui-ci expose qu'il est nécessaire que l'échevinage examine comment il pourra se procurer la somme, et il obtient que, pendant la délibération qui allait s'ouvrir de suite, l'officier en attende le résultat, dans l'argenterie. Le lieutenant, confiant dans la loyauté de Messieurs, se retire dans la pièce qui lui était désignée et qui était attenante à la salle d'audience, et y attend assez longtemps. Enfin, étonné de n'être point rappelé, il envoie un de ses soldats pour connaître la cause du retard, mais la salle est vide, le mayeur et les échevins se sont enfuis par un escalier dérobé, qui permettait de gagner le Tenne-rue, et que les Français ne tardent pas à découvrir. Leur indignation est à son comble, et, immédiatement, ils envoient des soldats au domicile du mayeur et des échevins pour les arrêter, mais ceux-ci avaient prudemment disparu. Le gouverneur, informé de ces faits, fit alors assembler un conseil de guerre, et on décida de mettre des garnisaires chez chacun des magistrats jusqu'au parfait paiement des dix-huit mille livres. Cette menace imprima une salutaire terreur, et dans la soirée même, l'argent fut compté [1].

30 avril   Louis XIV, à son tour, vint, quelques jours après

[1] Dans sa très intéressante notice sur *la Cloche de l'église Saint-Denis à Saint-Omer* (Bull. des Antiq. de la Morinie, t. VII, p. 127), M. l'abbé Bled a raconté comment la ville emprunta

e duc d'Orléans, le 30 avril, visiter sa nouvelle conquête. Il y arriva vers 5 heures du soir, et, après
avoir reçu les clefs de la ville, il se rendit, avec une
suite nombreuse, au palais épiscopal. Le lendemain,
l alla, en grand appareil, à la cathédrale ; il pénétra
par la porte qui menait au cloître, où le chapitre
'attendait ; il fut reçu avec le même cérémonial que
celui déployé pour son frère ; toutefois, au lieu d'un
simple siège, le chapitre lui avait préparé un dais,
sous lequel il entendit une messe, dite par son cha-
pelain, et qui fut suivi d'un *Te Deum,* chanté par son
aumônier, le cardinal de Bouillon [1]. Le 2 mai, il fut
reçu aussi solennellement, à 7 heures du matin, à
'abbaye de St-Bertin, avant son départ pour Calais [2].

ette somme au chapitre et à l'abbaye de Saint-Bertin, et il
onne le texte de la quittance donnée aux mayeur et échevins.
  [1] Extrait des registres capitulaires n° 5, aux Pièces justificat.
  [2] Grand Cartulaire de Saint-Bertin — et les *Abbés de Saint-
Bertin,* t. II, p. 343-344. — Nous ne nous étendrons pas sur ces
iverses cérémonies ; nous nous bornons à mentionner quelques
étails que n'a pas donnés Derheims, dans son *Histoire de Saint-
Omer,* p. 347-348.

III

1677
·22avril Le roi, dès le 22, avait nommé gouverneur de Saint-
Omer l'ancien commandant de Douai, le marquis de
Saint-Geniès. Le comte de Raousset, capitaine au régiment de Nevers, avait été promu à la lieutenance du
roi, et Rochepierre, ingénieur, à la Majorité. Le jour
même de sa nomination, le gouverneur avait reçu
les compliments du chapitre [1], le seul pouvoir qui
restât debout, car la charge de grand bailli était supprimée [2], le mayeur n'exerçait plus ses fonctions qu'à
titre provisoire, et nous avons déjà constaté la va-
cance du siège épiscopal à cette époque. M. de Saint-
Geniès établit son quartier-général à Saint-Bertin, où
il resta trois semaines ; nous avons vu qu'il avait
pris toutes les mesures nécessaires pour la sûreté
de la place, et qu'il avait fait désarmer de suite les
habitants.

9 mai . Le 9 mai, il écrivait à Louvois qu'il ne voyait pas
d'inconvénient à les rendre à ceux des faubourgs du
Haut-Pont et de Lyzel, et il demandait ses instruc-
tions pour faire prêter le serment de fidélité au peuple, au clergé et à la noblesse [3].

[1] Voir Extrait des reg. capit. n° 3 aux Pièces justificatives.
[2] Elle fut rétablie plus tard, mais comme office vénal, et le
premier titulaire fut en 1694 Renom François de Beaufort.
[3] DG. copie, vol. 546, p. 31.

Le ministre répondit le 15 :

1677.
15 mai

» Monsieur,

» J'ay receu la lettre que vous m'avez fait l'honneur de
» m'escrire le 9ᵐᵉ de ce mois ; le Roy ne juge pas encores
» à propos que vous rendiez les armes aux Hautponais, ny
» aux gens du fauxbourg du Lis, et Sa Majᵗᵉ désire que
» vous les fassiez garder toutes dans quelque lieu secret.

» Le clergé et la noblesse du gouvernement de S. Omer
» doibvent prester serment entre vos mains, et vous ne
» scauriez le faire trop tôt..... [1]. »

M. de Saint-Geniès se conforma à ces ordres et écrivit le 23 :

« Je fis hier, Monseigneur, prêter le serment de fidélité
» à la bourgeoisie, aujourd'hui au clergé, et aux gens du
» Bailliage, tous l'ont fait *gaiement*.

22 mai

» J'ai donné jour à la noblesse et aux baillis de la cam-
» pagne pour en faire autant. Cependant, je le ferai faire
» aux communautés religieuses [2]. »

Les registres capitulaires nous ont conservé la
teneur du serment prêté par Valentin du Bois, au
nom du chapitre [3] :

« Nous, Doyen, chanoines, et tout ce qui compose le
» chapitre de l'église cathédralle du siège vacant de Sᵗ
» Omer, jurons sur les sainctes évangiles, d'estre bons et
» loyaulx subjectz du Roy, de le recognoistre pour notre
» légitime souverain, et de luy rendre toutte obeissance,
» promettant d'advertir Monsʳ le marquis de St-Geniès,
» gouverneur de ceste ville, de tout ce qu'il viendra à nos
» cognoissances, quy pourroit estre prejudiciable au ser-

---

[1] DG. copie, vol. 546, p. 57.
[2] DG. vol. 546, p. 96.
[3] Il est à penser que le texte du serment ne fut pas différent
pour les bourgeois. Le registre GG. qui le contenait, n'existe
plus aux archives municipales.

1677

» vice de Sa Majesté, et à ceulx qui commanderont dans
» son absence, et de nous opposer fortement à tout ce que
» l'on voudra faire contre led. service, ainsy que des fidels
» subjectz sont obleigé de faire.

» Faict à St Omer le 22me de may 1677 [1]. »

10 septembre

On a vu que le mayeur, le baron de Clarques, avait
refusé de continuer ses fonctions ; d'autre part, un
échevin, Antoine Michiels, était mort peu après la
réduction de la ville, et il y avait lieu de procéder à
leur remplacement. L'intendant Le Boistel de Chanti-
gnonville [2] prétendit avoir le droit de pourvoir à ces
vacances, et, le 10 septembre, sur son ordre, les
membres de l'échevinage encore en exercice lui pré-
sentèrent, dans un placet, les noms de trois personnes nobles :

Louis de Croix, écuyer, sr de Gourguemetz,

Antoine de la Houssaye, écuyer, sr d'Avault,

..... de Beauffort, écuyer, sr de Mondicourt ;
et de trois bourgeois notables :

Jean Descamps, un des dix jurés de la paroisse
Sainte-Aldegonde,

[1] Registre capitulaire P. fo 48. Ce serment est précédé de la
mention suivante :

« 22 mai 1677. Domini mei deputarunt Dominum Valentinium
» du Bois, suum secretarium, ad eorum nomen hac die circa unde-
» cimam matutinam præstandum super pulpito ad id præparato
» in capitulo juramentum fidelitatis potentissimo principi Lu-
» dovico regi Galliæ, ejus nominis decimo quarto, coram excel-
» lentissimo Domino marchione de St Geniès, hujus civitatis gur-
» bernatori, cujus tenor sequitur. »

[2] « Intendant général des places de Flandre du costé de la
mer et à St-Omer », il résidait à Dunkerque, siége de l'inten-
dance depuis 1667 ; il y avait été nommé en 1672. Voir sa correspondance avec les échevins pour l'exécution des articles de
la capitulation civile, dans la correspondance du Magistrat, aux
Arch. municip.

Jean-Baptiste Titelouze, avocat au Conseil d'**Artois**, 1677
André Pascal, bourgeois marchand.

Il choisit, le 15 septembre, parmi les premiers, le 15 septembre
s^r de Croix pour mayeur, et, parmi les seconds, Jean
Descamps, pour échevin.

Les nouveaux magistrats firent sur le doxal le serment d'usage avant d'entrer en fonctions, mais en
une formule nouvelle :

« Nous jurons sur ceste croix qui est la Ste Croix, où il
» a pleu à nostre Seigneur de mourir pour la rédemption
» du genre humain, de vivre et mourir en la religion ca-
» tholicque, apostolique et romaine, sans avoir jamais d'au-
» tres sentimens contraires ; d'estre fidel et loyal servi-
» teur au Roy nostre souverain, ni rien faire ni attenter
» contre son service, n'avoir aulcun commerce ny conni-
» vence avec ses ennemis, observer et faire observer toutes
» ses ordonnances, nulles reservées, advertir les supérieurs
» de tout ce qui peut venir à nostre cognoissance contre le
» service du Roy, maintenir de conscience tous les privi-
» lèges et droits, garder les secretz du Magistrat, à la
» réserve de ceux qui pourroient estre contre le service de
» Sa Maj^té, assister les vefves et orphelins, faire faire aux
» parties bonne et prompte justice, bien et loyallement
» gouverner les revenus, et générallement faire tout ce
» qu'un.... [1] etc. est obligié. C'est ce que nous promettons
» à Dieu et à tous ses saintz. »

D'après les anciens privilèges de la ville déjà mo-
difiés par les ordonnances de 1500, le mayeur aurait
dû être élu par les échevins, et choisi parmi eux ; et
l'intervention du pouvoir royal devait se borner à ce
que le Grand Bailli donnât sa voix à l'élection. Le

---

[1] La formule qui termine ordinairement ces serments est
supprimée sur le registre au renouvellement de la loi, de 1590
à 1718, f° 122, où celui-ci est inscrit.

1677 mode de désignation du nouveau mayeur apportait donc un changement dans la constitution de l'échevinage. Les vaincus avaient été obligés d'obéir en silence ; l'intendant leur avait sans doute fait entendre qu'il ne pourrait agréer qu'un homme, qui n'eût pas donné de trop récentes preuves de fidélité au roi d'Espagne, et les échevins, en présentant en première ligne M. de Croix, dont les ancêtres avaient plusieurs fois exercé la charge de mayeur, avaient fait tout ce qu'ils pouvaient faire, et dans l'intérêt de leurs vieilles libertés, et dans celui de la cité.

1679
16 janvier

Les six curés des paroisses ne prêtèrent le serment de fidélité que beaucoup plus tard, le 16 janvier 1679 [1], et la noblesse du bailliage le lendemain, lors d'une assemblée convoquée à cet effet. L'article XI du traité de Nimègue, passé le 17 septembre 1678, avait déjà consacré la réunion définitive à la France de Saint-Omer et d'Aire, c'est-à-dire de tout l'ancien *Artois réservé.*

[1] *Grand Cartulaire de Saint-Bertin* ms., t. X, p. 109.

IV

Les bourgeois avaient-ils réellement prêté *gaiement,* en 1677, le serment de fidélité au roi de France ? Assurément, les anciens partisans de la domination française, et un certain nombre d'habitants, lassés de l'état de guerre qui désolait le pays, entrevoyaient, avec quelque soulagement, une paix définitive, que la couronne d'Espagne semblait ne plus pouvoir donner à ses sujets des Pays-Bas ; mais peut-être aussi faut-il voir dans l'expression dont s'était servi le nouveau gouverneur, une certaine exagération, et un peu de flatterie à l'adresse du grand roi [1]. C'était presque aussi, contre les habitants vaincus, une accusation peu généreuse de versatilité, que ne justifiait en rien leur honorable conduite pendant le siège. Il nous paraît plus équitable de reconnaître qu'il fallut plus que l'espace de quelques jours, pour détacher la population audomaroise de la couronne d'Espagne. Il existe en effet aux archives municipales cinq lettres [2] qui établissent que, quelques années plus tard,

[1] C'est après les victoires de Louis XIV en Flandre, et le traité de Nimègue, que l'Hôtel de ville de Paris lui décerna, en 1680, le nom de *Grand.*

[2] *Cinq lettres tirées de la correspondance du Magistrat de Saint-Omer relatives aux funérailles de la reine Marie-Thérèse, épouse de Louis XIV,* publiées par M. de Lauwereyns de Roosendale (Bull*

lorsque mourut le 30 juillet 1683 la reine Marie-Thérèse, sœur du roi d'Espagne, les villes d'Artois « sen- » tirent se réveiller leur longue affection pour leurs » souverains de par delà, elles s'apprêtèrent, mais » surtout les dernières rapatriées, Saint-Omer et » Aire, à célébrer les funérailles de la fille de Phi- » lippe IV avec une solennité extraordinaire. » L'intendant vit dans ces apprêts une manifestation contre le roi de France, et on obligea ces villes à restreindre considérablement les dépenses qu'elles se proposaient de faire à cette occasion.

1730 Nous avons expliqué ailleurs, à notre tour, vers quelle époque la transformation résultant de la conquête nous paraît s'être réellement accomplie [1], lorsque les travaux exécutés pour assurer à la ville une plus grande sécurité et le développement de ses relations commerciales firent sentir aux habitants les avantages et les bienfaits de la réunion à la France. Le temps aidant, le souvenir de la domination espagnole s'effaça alors insensiblement avec toutes les querelles et tous les ressentiments du passé, et Saint-Omer devint et resta aussi dévouée à ses nouveaux maîtres qu'elle l'avait été aux anciens [2].

des Antiq. de la Morinie, 121e livraison, p. 19 à 22, année 1882.) Voir le détail des cérémonies religieuses qui eurent lieu pour la mort de la reine, G⁴ Cartᵣ de Saint-Bertin, t. X, année 1683. On fit alors le chronogramme suivant : LVDoVICI VXoR MoRIṭVR (1683).

[1] Statistique de Saint-Omer en 1730, broch. 22 p. 1880. (Bullᴰ de la Société des Antiq. de la Morinie, t. VI, p. 529.)

[2] Nous devons cependant mentionner un travail de M. Morand, membre non résident du Comité des travaux historiques, lu par lui le 17 avril 1873 au Congrès des Sociétés savantes à la Sorbonne, et intitulé : Du sentiment national de la province d'Artois sous la domination française. Dans cette brochure (Paris, Dumou-

Aussi le descendant du vainqueur de Cassel, Louis-Philippe d'Orléans, duc de Chartres, y fut-il accueilli très courtoisement le 20 décembre 1742, lorsqu'il .vint, accompagné du duc de Penthièvre, en visiter les fortifications[1]. Et plus tard, lorsqu'approcha le centenaire des événements qui avaient fait rentrer la ville sous la domination française, les habitants se

1742

1776

lin, 16 p. in-8°), l'auteur établit, d'après de nombreux faits historiques, divers auteurs, et différents manuscrits, que, ainsi que l'écrivait en 1828 Dom Béthencourt, membre de l'Institut, « les Artésiens ont été longtemps étrangers à la France, » et plus longtemps encore de cœur que de fait » ; il cite la fierté des capitulations, l'opposition acerbe à l'hérésie, à la gabelle, au timbre, aux corvées, aux fermiers généraux, etc., etc.; et il conclut que la province d'Artois ne devint réellement française que par la Révolution de 1789. Si nous croyons pouvoir dire qu'avant cette époque, les Audomarois, du moins, étaient déjà Français, nous revendiquons cependant, en faveur des vaincus de 1677, la seule revanche qu'ils aient pu prendre contre leurs vainqueurs, celle d'être restés fiers devant lui, et de ne pas s'être jetés dans leurs bras.

L'ordre chronologique du récit nous oblige à indiquer ici qu'en 1755, la Cour, ayant ordonné au s^r Nezot, de faire le plan en relief de Saint-Omer, l'échevinage lui donna un logement gratuit. Ce plan fut exécuté, puis envoyé au Louvre dans la collection des places-fortes commencée en 1660, qu'on transporta en 1777 aux Invalides, où elle se trouve encore aujourd'hui.

[1] *Louis-Philippe d'Orléans à Saint-Omer,* par M. Piers. Aire, Poulain, 1846. — M. Piers dit dans une autre étude : *Les d'Orléans à Saint-Omer,* que le duc de Chartres, âgé de 28 ans, avait reçu la mission d'inspecter le littoral. — M. Bonvarlet vient de publier dans les *Annales du Comité flamand* (1887), sous le titre : *Documents pour servir à l'histoire de la Flandre maritime,* le curieux itinéraire que dut suivre, en 1741, le jeune duc de Chartres dans un voyage militaire d'instruction ; il devait aller voir le champ de bataille de Cassel, témoin de la vaillance de son bisaïeul (p. 104). Nous ne savons pas, d'ailleurs, si l'itinéraire fut rigoureusement suivi.

préparèrent à le célébrer dignement. L'*Almanach
d'Artois* de 1776, p. 158, porte : « Les voies sont
» préparées pour célébrer cette année jubilaire (1777)
» avec d'autant plus de pompe, de joie et de magni-
» ficence, que la ville de Saint-Omer a aujourd'hui
» pour Evêque un Prélat qui descend des récupéra-
» teurs de l'Artois. » Cet évêque était Jean-Auguste
de Chastenet de Puységur [1], issu « d'une famille dont
» les ancêtres ont le plus contribué à la réunion de
» l'Artois à la Couronne, » et l'*Almanach* ajoutait,
p. 159 : « Cet évêque vient juste à temps pour aider
» à rendre plus célèbre la solennité de la rentrée de
» Saint-Omer sous le Domaine de nos Rois, rentrée
» d'autant plus célèbre qu'elle a complété la rentrée
» de toute la Province d'Artois. »

1777 En effet, le 14 avril 1777, l'échevinage prescrivait
en ces termes, les réjouissances qui devaient avoir
lieu le 27, en l'honneur de ce centenaire :

> « *Réjouissance et aumône en pains à l'occasion
> » de l'année séculaire du retour de la ville de
> » St Omer sous la domination du Roi.*
>
> » L'an mil sept cent soixante dix-sept, le quatorze avril,
> » dix heures du matin, dans l'assemblée de Messieurs les
> » Mayeur, Echevins et conseil de cette ville et cité de S^t
> » Omer, laquelle a été convocquée en le forme et manière
> » ordinaire, et à laquelle a présidé M. Maximilien Louis
> » Joseph de Pan, écuyer, seigneur de Wisques, mayeur
> » actuel, il a été résolu ce qui suit :
>
> » Sur ce qu'il a été observé qu'il serait à propos de ré-
> » gler la dépense pour la réjouissance publique à l'occasion
> » de l'année centenaire de l'heureux retour de cette ville

---

[1] Un Puységur avait beaucoup contribué à la prise d'Arras
en 1640, ainsi qu'à la levée du siège de cette ville, lorsqu'en
1654 elle fut attaquée par les Espagnols.

» sous la domination de la France, a été résolu de faire
» illuminer, le vingt-sept de ce mois, l'hôtel de ville et la
» conciergerie, de faire un feu de joie de la valleur de
» deux cent cinquante livres ; de faire tirer trois cens
» fusées à baguette, de donner dans la salle de la concier-
» gerie un bal avec raffraîchissemens, de faire distribuer
» led. jour, le matin, aux pauvres de cette ville, porteurs
» des cartes qui seront données par les membres du conseil
» et les curés des paroisses, du pain pour une somme de
» six cens livres ; dans laquelle dépense sera emploiée la
» somme de deux cent quarante-cinq livres qui se passe
» ordinairement, pour les frais des Ecauvages que l'on fera
» cette année en remboursant. ... »

   Signé : Derycke, Muchembled, F. Omer Dourlen,
   Js. Jacques, d Inglebert, Boubert [1].

Si le souvenir de ces événements avait profondé-
ment remué, il y a cent ans, l'âme de nos ancêtres,
leurs fils ne manquèrent pas de le consacrer par des
monuments durables. Après la reconstruction de
l'hôtel de ville vers 1840, un des maires de la ville **1840**
lt copier, dans les galeries du Louvre, deux tableaux
le Vandermeulen représentant, l'un la bataille de
Cassel, l'autre la prise de Saint-Omer, et en orna la
grande salle de la nouvelle maison commune. En
1864, lorsque, sur l'initiative du docteur de Smyttère, **1864**
on entreprit d'élever un monument commémoratif de
a victoire des Français, au lieu même où s'était livré
a bataille, les membres du conseil municipal de Saint-
Omer se mirent, avec ceux de Cassel, à la tête de la
souscription.

[1] Registre aux délibérations de MM. les Mayeurs et Echevins
3. 1767 à 1781, p. 192, v° Arch. municip. — Les registres capitulaires de cette époque manquent, de sorte que nous ignorons
les cérémonies religieuses qui eurent lieu, et qui, présidées
par Mgr de Puységur, durent avoir un certain éclat.

1877   Pourquoi faut-il qu'en 1877, le second centenaire ait passé inaperçu et que nul, dans la cité, n'ait témoigné quelque patriotique émotion lorsqu'il se présenta ! Il est d'usage cependant, dans nos pays de Flandre et d'Artois, que les villes célèbrent, à l'envi, soit chaque année, soit à des intervalles réguliers, l'anniversaire du jour qui les a rendues françaises, ou qui les a conservées à la France ; et il ne semblait pas qu'après les douloureux événements qui venaient d'arracher à la mère-patrie deux de ses provinces, ce fut le moment, pour nos magistrats municipaux, d'oublier un centenaire, à la célébration duquel il était facile d'associer tous les citoyens dans une même pensée, en dehors de toute préoccupation politique.

Capitulation militaire.

1.

1. Robert, intendant de l'armée de Flandre, envoye à Monseigneur le marquis de Louvois, ministre et secrétaire d'Etat, le texte de la capitulation accordée à la garnison de St Omer.

Du 22 avril 1677, à Blandeck.

Je me donne l'honneur, Monseigneur, de vous envoyer à capitulation de St Omer, par laquelle vous verrez les conditions que Monsieur a accordées à M. le Prince de Robeck.

Je suis, etc.

2.

CAPITULATION MILITAIRE

Conditions que Monsieur, fils de France, frère unique du Roy, duc d'Orléans de Valois, de Chartres, de Nemours, etc., généralissime des armées de Sa Maj^té, a accordées à M le P^ce de Robecq, cy devant gouverneur du païs d'Artois, pour la capitulation à faire, à la reddition de la ville de St Omer aux armes de Sa Majesté.

Premièrement.

La cavalerie et l'infanterie sortiront avec leurs ar-

Que toute la garnison sortira avec armes et bagages, tambours battans, mèche allumée par les deux bouts, drapeaux déployés, et balle en bouche, avec toute la cavalerie, les dragons à cheval, et les démontés avec leurs

mes, chevaux et bagages.

armes, pour aller, par le plus court chemin et le plus droit, à Gand, avec escorte sufisante pour leur assurance, ne faisant que trois lieues de chemin par jour.

2.

Refusé.

Qu'il leur sera accordé d'emmener deux quarts de canon et deux demi-quarts avec un mortier, leur service et munitions.

3.

Accordé.

Qu'il sera donné des chariots et barques pour le transport des bagages et femmes d'officiers et soldats, comme aussi des malades et blessés, et que si aucuns d'eux ne pouvoient présentement marcher, seront renvoyés, étant guéris, en lad* ville de Gand, avec bon passeport.

4.

Seront rendus ceux qui ont été faits pend^t le siège de part et d'autre, tant hommes que chevaux ; s'il y a une capitulaôn pour les prisonniers d'Arques, elle tiendra.

Que tous les prisonniers faits avant le siège de cette ville seront remis en liberté, pourvu qu'on renvoye aussi ceux qui ont été pris, tant au château d'Arques qu'ailleurs, pendant led. siège, et ce, sans rançon de part et d'autre.

5.

Les chevaux et mulets pris pend^t le siège et le blocus seront rendus.

Que les chevaux et mulets pris avant le commencem^t du siège, qui par droit de guerre, appartiennent à ceux qui les ont pris et achetés comme loyal butin, ne pourront être repris, non plus qu'autres butins, de quelle nature qu'ils soient.

6.

Qu'il sera permis aux femmes de militaires et autres particuliers, de pouvoir rester 3 mois en la ville de

Monsieur accordera cette grâce à qui bon lui semblera, et la refuse en général.

St Omer, pour pouvoir disposer de leurs effets, et vendre leurs biens et maisons, et emmener pendant ce tems là ceux qu'ils voudront retenir, et de même pour ceux du seigneur prince de Robeck, avec les personnes nécessaires pour en prendre le soin, ou qu'il luy sera permis, et au comte de St Venant, gouverneur de la place, de les laisser icy, pour, en cas de paix, les emmener en leurs maisons voisines.

7.

Accordé en donnant une caution dont les parties soient contentes.

Qu'il ne sera point permis, sous prétexte de représailles, d'arrêter aucun militaire, ny même pour dette, moyennant de donner bonne caution.

8.

Accordé avec grand plaisir.

Qu'il sera accordé à la marquise de Robeck [1] un passeport, pour s'en aller à Bruxelles, avec ses enfants et sa famille, bagage, argent, et meubles, en carosse ou bateau, avec quelque trompette et officiers pour assurance de son voyage.

9.

Accordé un passeport pour aller à Bruxelles.

Qu'il sera accordé un passeport au Me de camp le comte de Coupignies (Coupigny) étant présentement malade, pour pouvoir aller avec ses domestiques, meubles et bagages, à Bruxelles et sur son bien, sous la contribution, l'espace de 3 mois.

10.

Sortiront avec

Que le président et surintendant

[1] Marquise de Ligne-Aremberg, fille de Philippe, prince d'Aremberg, et de Claire de Boulaymont. — Le lecteur, en voyant que le prince d'Orléans accorde *avec plaisir* à la marquise ce qui est demandé pour elle, dira avec Molière. Sicil. scène XII : « Tout cela sent la nation ; et toujours messieurs les Français » ont un fond de galanterie qui se répand partout. »

leurs papiers et meubles, en même temps que la garnison, et ce qu'ils ne pourront emporter demeurera en sûreté dans la ville, dont l'inventaire sera mis ès mains de M. le gouv[r], pour en déposer comme ils voudront, mais s'il y a des papiers qui regardent les affaires publiques, soit des Etats, ou de la ville, qu'ils demeureront.

Simon sortira avec lad. garnison, avec les papiers de lad. sur-intendance, ses domestiques et équipages, et que les papiers qu'il ne pourra emporter quant et luy demeureront chez luy en toute sûreté, et qu'au regard de Mad[e] sa femme et famille, elle aura aussi la facilité de rester pendant led. terme de 3 mois, pour pendant ce tems disposer de ses meubles, et emmener ceux qu'elle trouvera bon, avec lesd. papiers restés, à Gand, avec bon passeport et sureté, et les chariots et barques nécessaires, sans qu'ils puissent être arrêtés, non plus que lesd. papiers, pour cause concernant sad[e] charge, ou quelque prétexte que ce soit.

Accordé comme dessus.

11.

Qu'il sera accordé à l'auditeur Panaranda, au comm[r] Santus Bernijo, le prévôt des maréchaux Paul de Rivanegra, la même sûreté pour leur sortie, celle de leur famille, papiers et effets comme il est dit cy-devant.

12.

Accordé.

Que tous les meubles, papiers et autres effets des militaires, et autres cy-dessus compris, ne seront en leurs transports, sujets à aucuns droits de Douanne, ny visite, des officiers des Bureaux et bons lieux, auquel effet leur sera accordé passeport avec passavant.

N[a]. Que s'il se trouve des déserteurs des armées du Roy, de quelque nation qu'ils puissent être, ils seront repris, et aucun français ne pourra suivre la garnison sous quelque prétexte que ce soit.

Moyennant les articles cy-dessus, Monsieur entend qu'il luy soit livré une porte dès ce matin avant midy, et que le fils de Mad[e] la comtesse de Marle sera remis entre les mains de sa mère et du marquis de Risbourg, son grand père.

Et S. A. R. entend aussi que la garnison sorte demain à 8 heures du matin, et que dès aujourd'huy, il entrera dans la ville telle personne qu'il plaira à S A. R. d'y envoyer, pour faire inventaire des munitions qu'on sera tenu de leur livrer de bonne foy.

Fait et arrêté à Blandéque le 22e d'avril audt an 1677.

Signé : DE MONTMORENCY, DE ROBECK,
Et le comte de St Venant [1].

[1] DG. vol. 545 (4me de Flandre), p. 210.

II

Capitulation de la ville.

L'original de la capitulation de la ville n'existe plus aux archives municipales, mais on y trouve [1] une copie collationnée, sur parchemin, que nous reproduisons ci-après. Le manuscrit de M. Deschamps de Pas se termine par une copie qui ne présente pas de différence avec celle des archives. Mais le projet original, signé de la main du roi Louis XIV, et annoté par son conseil, nous paraît être entre les mains de M. l'abbé Bled, qui l'a déjà signalé [2]. Il est conforme au texte que nous publions, mais on y voit les ratures et les renvois d'une première rédaction ; nous signalons en note les passages ajoutés au texte primitif.

CAPITULATION

Capitulation sur les articles proposez par les trois Estats de la ville de St Omer.

Sa majesté ayant entendu la lecture des articles cy-après a trouvé bon d'y faire mettre les responses cy dénombrées desquel-

[1] LXIV-4.
[2] Bulletin des Antiq. de la Morinie, t. VII, p. 126.

les elle promet la ponctuelle exécution.

Le Magistrat de St Omer présentera à sa Mté les articles des capitulations des ville et chastellenie de Lisle dont il pourra désirer l'exécution, et sa Mté y pourvoira en la manière qu'elle estimera plus convenable pour le bien de son service et pour le plus grand avantage de ses nouveaux sujets.

I.

Que tous les poincts, conditions et articles accordez aux bourgeois, mannans et habitans de la ville et chastellenie de Lille, tant ecclésiastiques, nobles, qu'officiers du roy et autres, sont nomément et expressement accordez aux bourgeois, mannans et habitans de la ville, fauxbourgs, banlieue et bailliage de St Omer, de quelles qualité et condition ils soyent, eclesiastiques, nobles, officiers royaux, [magistrat, leurs officiers du bureau, argentiers, les députez, greffier, et receveurs des Estats][1] et autres, à tel effect que touts et chacuns d'iceux jouiront de touts et quelconques les graces et advantages particulièrement reprins au traicté de la capitulation de lad. ville de Lille du vingt septiesme d'aoust mil six cent soixante sept[2], quy se tiennent icy pour exprimez tout ainsy que sy ils estoient inserrez de mot à autre.

II

Que les ecclesiasticques et nobles de lad. ville banlieue et bailliage jouiront respectivement de leurs anchiens

---

[1] Dans le projet de capitulation, les mots entre crochets depuis « magistrat » jusqu'à « Estats », ont été mis en marge au moyen d'un renvoi.

[2] La capitulation de Lille du 27 août 1667 a été imprimée à Lille, « à l'imprimerie de Nicolas de Rache à la Bible d'or. » Elle est conçue en la même forme que celle de Saint-Omer. Ce sont des « Articles proposés au Roy par les députez de la ville » de Lille et chastellenie de Lille, Douay et Orchies, manans » et habitans d'icelles et enclavemens ». En marge sont les observations du Roy.

Accordé.

droicts, priviléges, libertez et exemptions desquelles ils ont jouy jusques à présent et dont jouissent les autres ecclesiasticques et nobles dud. pays d'Artois.

III.

Accordé du jour de la présente capitulation seulement.

Que les Bourgeois inhabitans, etc, de lad. ville, corps et communaulté d'icelle rentreront en la possession et jouissance · enthière de tous leurs biens, quy à cause de ceste guerre pourroient avoir esté confisquez et annottez, et jouyront des arriérages non payés.

IIII.

Refusé.

Comme aussy quy ne pourront estre obligez de sortir de cested. ville banlieue et bailliage soubz pretexte qu'aucuns de leurs parens et alliez seroient au service de Sa Mate catholique ou demeurans soubz sa domination.

V.

Accordé à condition de payer dix huict mil livres au lieutenant de l'artillerie qui l'a commandée au siège.

Et comme par l'article 47 de lad. capitulation de la ville de Lille touchant le raict des cloches, cuivre, estain, hérain, plomb et tous autres métaux et espèces particulièrement déclarez audit article, se trouve accordez à charge de desdomager les officiers de l'artillerie : Son Altesse royale est très humblement supliée de vouloir. descharger les Eglises, communaultés et inhabitans de laditte ville, banlieue et bailliage de St Omer, de ce que les officiers de l'artillerie pourront prétendre à leur charge pour ledit desdomagement, du moins le fixer et arbitrer à quelque somme raisonnable.

VI.

Qu'en cas qu'il y ayt aucun nommé à l'évesché de St Omer de la part de

Refusé.

Sa Ma[te] catholicque paravant ce présent traitté, ladiatte nomination tiendra, pourveu que le nommé vienne prester serment de fidélité en dedans ung an.

VII.

Accordé.

Que la provision des abbayes de St Bertin, et St Silvin, et Auchy se fera en la mesme forme et manière qu'at esté faict jusques à présent, ainsy qu'il est disposé par l'article 62 de ladiatte capitulation de Lille[1].

VIII.

Le Magistrat s'expliquera plus clairement sur cet article après quoy sa Ma[te] y respondra en la manière la plus favorable que le bien de son service le pourra permettre.

Que l'entretenement des fortifications, ponts et portes, seront à charge de Sa Ma[te], et que les impos quy y ont servy jusques à présent pour les fortifications intérieures de la ditte ville seront continuez soubz l'administration du Magistrat, pour des deniers en procedans rembourser les re. tes affectez sur iceux, de mesme pour ce quy regarde les impos de la garde et suplément, desquels se debvront aussy acquitter les bonys des comptes de l'argentier.

IX.

Il en sera usé comme à Lisle.

Que les soldats et gens de guerre seront logez ès casernes, conformément à l'article 55 de lad. capitulation de Lille[2] et que sera observé le reglement émané à ce subject de la part de Sa Maj[te] catholicque.

---

[1] Cet article LXII porte : « Que sera pourveu aux Abbayes, » Preuostés, Cloistres, Hospitaux, bénefices et Fondations pieu-» ses ès dites villes et chastellenie après la mort des posses-» seurs ou pourveuz, et de leurs successeurs à toujours, en la » mesme forme et manière qu'a esté fait jusqu'à présent, sans » les pouvoir ériger ou bailler en commande. » En marge : Accordé.

[2] L'article LV de la capitulation de Lille porte : « Que comme

X.

Que la levée de dix huict sols au sacq de bretz se continuera selon les octroys et reglemens obtenus de sa ditte Ma^{té} Catholicque, et les deniers en procédans employez conformément a iceux, sy d'ailleurs n'est pourveu d'autre moyen plus propre pour parachever la construction des baracles suffisantes pour loger toute la guernison, et acquitter les charges contractez pour celles jà érigez.

Le magistrat s'explicquera plus clairement sur cet article, après quoy sa M^{té} y pourvoira.

XI.

Que les ecclesiastiques, nobles et Magistrat, seront assemblez aux estats du pays et conté d'Artois avecq la mesme séance et prerogative come ils avoient lors que ledit pays estoit enthierement soubz l'obeissance du roy catholicque

Accordé.

XII.

Que les personnes rethirez en ceste ville banlieue et bailliage, pour crime comis au pays de Sa M^{té} ne seront recherchez pour lesdits crimes.

Accordé pendant un mois seulement.

» ainsi soit que la dite ville est et a toujours esté fondée prin-
» cipalement sur le négoce et travail des Artisans, et que les
» logemens effectifs ès maisons ne sont aucunement compa-
» tibles avec lesd. négoces et exercices des Arts et Manufac-
» tures, Sa Majesté est très humblement suppliée d'accorder et
» consentir que les soldats qu'elle y mettra en garnison seront
» logez ès Barracques ou cazernes, et ce par authorité et dis-
» position du Magistrat, sans obligation de leur fournir autre
» chose que matelats et couvertes ; et au regard des officiers
» jusques et y compris les Enseignes en pied, qu'iceux seront
» logés ès hoberges, hostelleries et cabarets, en payant leurs.
» simples gites. » En marge : « Accordé pourveu qu'il y ait
» des cazernes pour toutes les troupes que le Roy exigera à
» propos d'y mettre en garnison. »

XIII.

Que ceux du conseil d'Artois séant à Saint-Omer jouyront des mêmes franchises et libertez, tiltres et exemptions, afférens à leur charge, qui ont esté accordez à ceux de la chambre des comptes aud. Lille, par ledit traitté et capitulation du 27 aoust 1668, comme aussi ceux de l'Election aussi séante audit St Omer, jusques à ce qu'ils aurront obtenu autres provisions royales. [Sa Ma^{té} estant suplié de joindre la chambre dud. conseil à celle d'Arras. ou, qu'en la retenant en ceste ville, en former un parlement ou présidial pour la meilleure et plus comode administration de la partie à ces subjects de pardeçà, et de la Weste-Flandre de sa domination] [1].

Il sera pourveu sur cet article suivant que les supliants le mériteront dans la suite par leurs fidèles services.

XIV.

Qu'en cas que Sa Ma^{té} vienne à establir ung bureau pour la perception des droicts d'entrée et sortie en ladite ville de St Omer, elle est très humblement suplié de maintenir les officiers comis par Sa Ma^{té} catholicque.

La response à l'article précédent sera aussy pour celui-ci.

XV.

Que lesdits bourgeois et inhabitans de cested. ville banlieue et bailliage ayant viviers, batteaux, bois et autres

Accordé.

---

[1] Le texte primitif sur le projet original finissait à « royales », on y a placé par interligne les mots entre crochets jusqu'à « ceste ville », et le surplus en marge au moyen d'un renvoi. Nous avons déjà commenté cet article dans notre brochure sur l'*Artois réservé*, p. 6, et nous avons expliqué que les diverses assemblées transportées à Saint-Omer par le roi d'Espagne, furent réunies à celles qu'avaient conservées à Arras les rois de France.

choses semblables ne pourront estre molesté ny inquiété en la propriété d'yceux.

Fait à Thérouanne le 22ᵉ avril 1677. Signé :
Louis.

Collationné à l'original reposant ès archives de la ville de Sᵗ Omer par le greffier soubsigné.

Signé : (*illisible*)

(Archives municipales LXIV-4.)

Extraits des registres capitulaires.

1.

Deputati ad interessendum consilio belli.

20 avril 1677.

20 avril 1677 — Ad requisitionem Dni principis de Robecq, gubernatoris generalis hujus provinciæ, Dni mei deputarunt venerabiles et circumspectos viros Dnos Jacobum de
Lieres, decanum, Franciscum Duchambge, archipresbiterum, et Johannem Franciscum Taffin, hujus ecclesiæ canonicos, ad interessendum consilio belli habendo eâ die circâ
primam pomeridianam in domo dicti Dni gubernatoris.

Ceulx du clergé et du Magistrat ayant meurement con-
sidéré que, suivant le rapport et déclaration faict au conseil de guerre tant par le seigneur prince de Robecq qu'officiers militairs, que la bresche faicte au rampart par le
canon des ennemis ne se pœult soustenir qu'avecq ung péril
évident d'estre emporté d'emblay, veu aussy la lettre du
maitre de camp Bonamigo, et la déclaration encoires dud.
seigneur prince de la diminution de la guarnison presque
de la moictié, qu'il n'y a plus aulcuns armes dans le maga-
sin, que le canon est hors d'estat d'agir et qu'il y at fort
peu de pouldre, avecq autres raisons et motifz pressans par
luy representées, sont d'advis d'entrer en capitulation par
enssamble, plustost que de risquer la vie et les biens de
leur peuple, de tant plus qu'il n'y at aulcun secours à
espérer.

Ainsy faict et déclaré à St Omer le 20me d'apvril 1677 sur les cinq heures et demie du soir. Signé : frère George abbé de Clairmaret, J. de Liere, F. du Chambge, J. F. Taffin, baron de Clarque, baron de Berneuille et J. Taffin.

Et plus bas : Concorde à son original, tesmoinz le soubsigné secrétaire dud. seigneur prince de Robecq : Sebastien.

2.

Députés pour traiter.

21 avril 1677.

21 avril 1677. — Dni mei deputarunt venerabiles viros Dnos Franciscum du Chambge archipresbiterum, et Joannem Franciscum Taffin, ad castra in Blendecque, versus suam celsitudinem regiam, ad tractendum, cum deputatis nobilium et magistratûs hujus civitatis, de articulis compositionis, seu capitulationis, pro redditionne ejusdem civitatis.

3.

Envoyés au marquis de St Geniès.

22 avril 1677.

22 avril 1677. — Dni mei deputarunt venerabiles duos Andream Denis, Arthesiæ archidiaconum, Valentinum du Bois, et Petrum Antonium Franciscum de Bethencourt, confratres suos canonicos, ad, pro parte capituli, congratulandum excellentissimo Dno marchioni de St Genies, hujus civitatis gubernatori, de ejus felicissimo in hanc provinciam et civitatem adventu, commend. ei quàm enixè possunt personas et negotia ecclesiæ.

4.

Entrée du duc d'Orléans.

23 avril 1677.

23 avril 1677. — Serenissimus princeps Philippus de Bourbon, dux Aurelianus, post feliciter devictam obsidione septem hebdomadarum hanc urbem, fecit suum jucundum

ingressum, sub horam undeciman, in hanc civitatem, per
novam portam. Indè progressus, reddidit se in hanc ecclesiam, ubi venerabilis et circumspectus vir Dnus Decanus,
indutus melioribus ornamentis albi coloris, et Dni mei, unà
cum habituatis ecclesiæ vestiti suis superpelliceis, ad sonum
majoris campanæ collegialiter congregati, illum expectabant ad valvas majoris vestibuli versùs occidentem, cui
dictus Dnus præbuit deosculandam sanctam crucem, ibidem requiescentem super pulpito ad id preparato, et indè,
factâ per eumdem et Decanum brevi oratione congratula-
toriâ, processionaliter ad chorum progressi. sunt, et decantatum fuit canticum Te Deum per musicos et cantores
hujus ecclesiæ, dicto serenissimo principe intereà existente
ad certam cubitalem cellam ibi preparatam in medio altaris
paulo infrà gradum lapideum ; erat etiam altare ornatum
meliori ornamento et detectum feretrum reliquiarum venerandi corporis S^{si} Audomari ; ardebant etiam candelæ super
odeum et circum quoque; quo finito, idem serenissimus princeps discessit, cum sua nobilitate, per antedictum vestibulum.

(Ces 4 pièces extraites du registre P. f° 47.)

5.

Entrée de Louis XIV.

30 avril 1677.

30 avril 1677. — Potentissimus princeps Ludovicus,
Galliæ rex, ejus nominis decimus quartus, ingressus est
hanc civitatem, sub quintam vespertinam, cum pluribus
ducibus, principibus, comitibus nobilibus, et magno equitatu,
et ivit rectà ad palatium episcopale. Die sequente quæ erat
primus mensis may dies, inde progressus, circà medium
nonæ, reddidit se in hanc ecclesiam cum suis nobilibus et
magno apparatu, per portam quæ ducit ad claustrum, ubi
venerabilis ac circumspectus vir Dnus Decanus, indutus
melioribus ornamentis, et Dni mei, unà cum habituatis
hujus ecclesiæ vestiti cappis sericeis et deauratis, ad sonum
omnium campanarum hujus ecclesiæ collegialiter congregati, illum expectabant, cui dictus Dnus Decanus, factâ brevi

oratione congratuloriâ, præbuit deosculandam S^{tam} Crucem ibidem requiescentem super pulpito ad id preparato, quam, cum magnâ reverentiâ, deosculatus est, et indè, processionaliter ad chorum progressi sunt ; ubi celebrata fuit missa ab eleemosinario regio, quâ finitâ, decantatum fuit canticum « Te Deum laudamus », per ornatissimum Dnum cardinalem de Bouillon, dicto potentissimo principe interea existente in oratorio, seu loco vulgo *dais*, ex panno deaurato in medio choro paulò infrà gradum lapideum majoris altaris ; erat autem altare ornatum meliori ornemento, et detectum feretrum reliquiarum venerandi corporis S^{ti} Audomari ; candelæ etiam super odeum et circum quoque ardebant ; quo finito, idem potentissimus rex discessit, cum suâ nobilitate, per portale versùs meridiem.

(P. f° 47 v°.)

IV

5 décembre 1679.

Déclaration

Portant que les subjets du Roy catholique, qui ont des Terres dans les Pays Bas de l'obéissance de Sa Majesté ne pourront les vendre sans sa permission[1].

Louis, par la grâce de Dieu Roy de France et de Navarre, A tous ceux qui ces présentes Lettres verront, salut. Estans bien informez que depuis plus de deux siècles les Souverains des Pays-bas, ou les Lieutenans et Capitaines Généraux pour eux esdits Pays, ont obligé les François à prendre des Lettres d'Octroy pour avoir la permission de vendre et aliéner les biens sçituez esdits Pays et Terres de l'obéissance desdits Souverains ; et n'estant pas juste que les subjets de nostre Frère le Roy Catholique ayent dans nos Estats une liberté que nos subjets n'ont pas dans les Terres et Pays de l'obéissance de nostre dit Frère : *Sçavoir faisons*, que pour ces causes, Nous, de nostre certaine science, pleine puissance, et auctorité Royale, Avons, par ces présentes signées de nostre main, dit, déclaré, et ordonné, disons, déclarons, et ordonnons, Voulons et Nous plaist, que les subjets de nostredit Frère le Roy Catholi-

---

[1] Nous croyons pouvoir ajouter aux pièces justificatives spéciales au siège de Saint-Omer, la déclaration royale ci-dessus rendue un an après le traité de Nimègue, relativement aux terres que les Espagnols possédaient encore en Artois ; c'est une suite de la conquête, et cette déclaration fut d'ailleurs applicable à Saint-Omer.

que, qui ont du bien en fonds dans les Terres de notre obéissance ès Pays-bas, ne puissent les vendre à nos subjets, ou autres personnes, sans en avoir auparavant obtenu de Nous la permission par Lettres patentes signées de Nous, et contresignées par l'un de nos secrétaires d'Estat et de nos commandemens, et scellées en nostre grande chancellerie, à peine de nullité desdites ventes. Si *donnons en mandement* à nos Amez et Féaux les Gens tenans nostre Conseil Provincial d'Artois, que ces Présentes ils ayent à faire lire, publier et enregistrer, et le contenu en icelles faire garder et observer dans l'estendue de leur ressort, selon leur forme et teneur, nonobstant toutes choses à ce contraires, auxquelles nous avons dérogé et dérogeons par cesdites Présentes. *Car tel est Nostre plaisir* En tesmoin de quoy, Nous avons fait mettre notre scel à cesdites Présentes. *Donné* à S‍t Germain en Laye, le cinquième jour du mois de décembre, l'an de grâce mil six cens soixante-dix-neuf, et de nostre Règne le trente-sixième. Signé : *Louis;* et sur le reply, par le Roy : Le Tellier, et scellé en cire jaune

Leu, publié et enregistré au Greffe du Conseil d'Artois le 22 décembre 1679, ce requérant le Procureur général du Roy, et coppies deüement collationnées envoyées dans tous les Bailliages et sièges subalternes, à ce qu'aucun n'en ignore, et les officiers tenus d'en certifier la cour au mois. Signé, I. Le Conte.

Concordé à l'original par moy greffier dudit conseil soubsigné, suit la signature : I. Le Comte.

(Archives du Bailliage de Saint-Omer.)

TABLE CHRONOLOGIQUE

I

II

III

IV

TABLE DES PIÈCES JUSTIFICATIVES

OUVRAGES DE M. PAGART D'HERMANSART

Secrétaire-archiviste de la Société des Antiquaires de la Morinie,
associé correspondant de la Société des Antiquaires de France,
membre correspondant de la Société des Etudes historiques
de Paris, de l'Académie d'Arras, de la Société académique
de Boulogne et de la Société royale héraldique italienne à
Pise.

———

Statistique de Saint-Omer en 1730. Broch. in-8°, 22 p.
Fleury-Lemaire, Saint-Omer 1880. — *Epuisé.* (Bulletin
des Antiq. de la Morinie.)

*Les anciennes Communautés d'arts et métiers à Saint-
Omer.* 2 vol. in-8°, V. 744 et 405 p avec 4 planches. Fleury-
Lemaire, Saint-Omer 1879 et 1881. (Cet ouvrage a mérité
une mention honorable au concours des Antiquités natio-
nales de l'Académie des Inscriptions et Belles-Lettres en
1882.)

Les Montgolfières à Saint-Omer en 1784. Broch. in-8°,
3 p. Fleury-Lemaire, Saint-Omer 1882.

*Convocation du Tiers-Etat de Saint-Omer aux Etats-
généraux de France ou des Pays-Bas en* 1308, 1346, 1420,
1427, 1555 *et* 1789. Broch. in-8°, 60 p. D'Homont, Saint-
Omer 1883.

*L'Artois réservé, son Conseil, ses Etats, son Election à
Saint-Omer de* 1640 *à* 1677. Broch. in-8°, 50 p. D'Homont,
Saint-Omer 1883.

L'ancienne Chapelle de S Omer dans l'église N.-D. de
Saint-Omer et le chanoine Guilluy.* Broch. in-8°, 14 p.
D'Homont, Saint-Omer 1883.

La Ghisle ou la Coutume de Merville 1451. Broch. 86 p.
D'Homont, Saint-Omer 1884.(Ce travail a été lu au Congrès
des Sociétés savantes tenu à la Sorbonne en 1883.)

Le dernier Président lieutenant-général de la séné-chaussée du Boulonnais, 1770 à 1790. Broch. in-8°, 12 p. Vᵛᵉ Charles Aigre, Boulogne-s-Mer 1885. — *Epuisé.*

Les Lieutenants-généraux au bailliage d'Ardres, 1568-1790. Broch. in-8°, 21 p. D'Homont, Saint-Omer 1885.

Le sol de Thérouanne de 1553 à 1776. Broch. in-8°, 4 p. D'Homont, Saint-Omer 1885.

Les Maisons d'éducation d'Ecouen et de Saint-Denis et les vassaux de Coppenbrugge en 1811. Broch. gᵈ in-8°, 10 p. Ernest Thorin, Paris 1885. (A été publié dans la *Revue des études historiques* en 1885.)

Un Magistrat municipal à Saint-Omer en 1790. Broch. gᵈ in-8°, 26 p. A. Sauton, Paris 1886. (Extrait de la *Revue de la Révolution.*)

Hospices de Blessy et de Liettres dans l'ancien bailliage d'Aire-sur-la-Lys. Broch. in-8°, 6 p. D'Homont, Saint-Omer 1886.

La Maison de Laurétan issue des Lorédan de Venise, en Allemagne, dans les Pays-Bas et en Artois. Broch. in-8°, 81 p. 1 planche armoirie. D'Homont, Saint-Omer 1886.

Les Cygnes de Saint-Omer. Fiefs et Hommages. La Garenne du Roi. Broch. in-8°, 21 p. D'Homont, Saint-Omer 1887. (Journal de la Société héraldique italienne, février 1887, p. 132.)

Documents inédits sur l'Artois réservé. Broch. in-8°, 15 p. D'Homont, Saint-Omer 1887. (Fait suite à l'*Artois réservé, son Conseil, etc.*)

Le Siège de Saint-Omer en 1677. Réunion de l'Artois réservé à la France. Broch. in-8°, p. 98. D'Homont, Saint-Omer 1888.

Saint-Omer, typ. H. D'HOMONT.